恋☆友 まるわかりっ！
心理テストスペシャル　もくじ

マンガ 「初めての心理テスト」・・・・・・・・・・・6

Part 1　新しい自分発見!?
性格・才能まるわかりテスト

知らない自分に出会えちゃう！
あなたの才能＆性格診断・・・・・・・・・14
女の子の見ている夢は？／ピアスをデザインしよう！／部屋をリフォームするなら？／色とりどりのパワーストーン／どれを買って帰る？／まくらはどこに？／3つのトビラ／ニキビができちゃった！／うしろ姿の女の人／女神様のオノ／カンバンの文字／マイグラスをプレゼント！／2人の間にあるものは？／モンスター現る！／机の中には何がある？／切手のない手紙／どんな花がさく？／自由にラクガキ♪／目の前のボール／ネコのおばけ！／開いてたなんて！

オモテの顔×ウラの顔
あなたのギャップ診断・・・・・・・・・39
あなたはどんな恋に落ちる？
スイーツde恋愛心理テスト・・・・・・・・61

マンガ 「恋も心理テストにおまかせ!?」・・・・・・80

Part 2 こっそりチェックしちゃお♡
気になる彼のタイプ＆本音

彼はどんな男の子？
**恋するあの人の
BOYSタイプ診断** ……… 86

彼のハートをのぞいちゃえ♡
気になる本音CHECK … 102

背中にタッチ！／マークdeチェック！／好きなおかしは？／好きな虫は？／大好きなフルーツ／リアクションゲーム／気になる乗りもの

マンガ 「モテるヒケツは心理にあり！」 …… 110

Part 3 目指せクラスの人気者！
キラモテ心理学講座

メールを出すなら？／男の子と話すコツ／たのまれごとをされたら／話しかけるコツは？／彼の悪いうわさを聞いたら／彼を怒らせちゃった……／デートのさそい方／彼にイシキしてもらうには？／告白大成功のせりふは？／きおくに残るデートは？／好きな子がいる彼

マンガ 「ファッションコーデも心理テストで★」 … 136

Part 4 視線をひとりじめ？ ファッション心理テク

あなたに似合うのは？
ファッションタイプ診断 ……………… 142

あなたに似合うヘアスタイルは？
おしゃれアレンジ診断 ……………… 152

マンガ「心理テストで友だちと仲良く!?」……… 162

Part 5 心の声、知りたくない？ クラスメイトの本音診断

気になるあの子の
キャラクター診断★ ……………… 168

私ってどんな子に思われてる？
仲良しグループ★ポジションチェック … 180

心の奥をのぞいちゃえ☆
リアクション心理テスト ……………… 190

何を足して、何を減らす？
あなたのミリョク ＋－診断 ……………… 206

マンガ「心理テストで大盛り上がり！」……… 210

Part 6 みんなでワイワイ楽しも♪ おもしろ★心理テスト

恋愛運をアップさせるアクション／あなたを好きな男の子／あなたの失恋パターン／失恋立ち直り度／彼にされたら許せないこと／あこがれのデート♡／あなたのエッチ度／恋のかけ引き度／あなたのモテ期

将来はどんな私になってる？
職業＆未来診断 ················ 233

あなたに向いている職業／もし、バンドをやるならどのパート？／職人になるならどのジャンル？／農業をするなら何を育てる？／あなたが先生になったら？／あなたが芸能界に入ったら？／あなたの仕事充実度／将来どんなおばあちゃんになる？／未来のあなたの体型／あなたの子ども

みんなの○○度調べちゃお！
何でも○○度診断★ ············ 249

やさしさ度／おもしろ度／ガンコ度／泣き虫度／イライラ度／イジワル度／天然ボケ度／知ったかぶり度

4コマ心理テスト
マンガでまる見え★　みんなの本音 ········ 265

あなたは何ナルシスト？／悪口を言いたくなるとき／ゆずれないもの／あなたの変なクセ／あなたのSM度

マンガ 「心理テストで充実ライフ♪」 ········ 276

スペシャルセット
プチ心理テストつき♡ ...279
レター＆カード

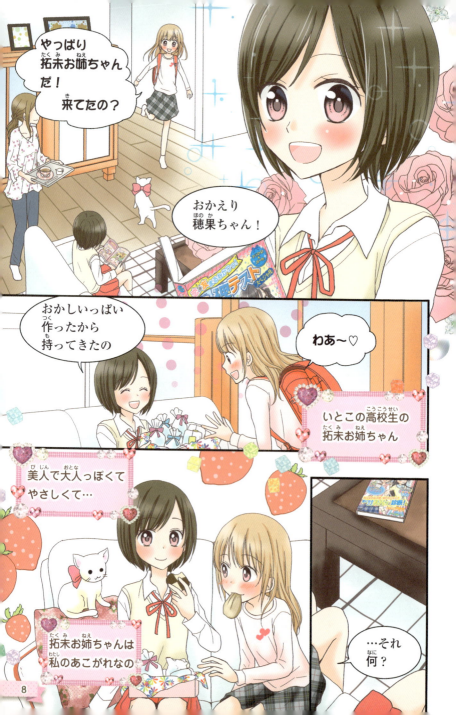

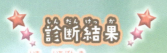

診断結果

あなたが今、一番気になっていることがわかります！

A 友情が気になる！

クラスメイトや親友とのつき合い方を、いろいろ考え中★

B 恋愛が気になる！

運命の出会いはいったいいつなのか、待ち遠しいみたい♡

C お金が気になる！

おこづかいの使い方や貯金のことが、頭からはなれない!?

D 勉強が気になる！

成績のことや宿題のことで、なやみごとがあるのかも？

すごい！当たってる！

ほっぺたにかいたの！

今朝返されたテストの点数がすごく悪かったの…

しょぼーん

あら～

Part 1 ドキッ!

新しい自分発見!?

性格・才能まるわかりテスト

心理テストで新しい自分がわかっちゃう!? ねむっている才能はもちろん、オモテ性格＆ウラ性格のギャップや、好きになる男の子のタイプ、将来どんな恋愛をするかまでバッチリ診断！　あなたの知らない自分を発見しよっ♪

知らない自分に出会えちゃう!
あなたの才能&性格診断

心理テストであなたのまだ知らない、才能や性格を発見しよう!

心理テスト 1 女の子の見ている夢は?

あなたと同じくらいの年の子が、部屋でお昼ねをしているみたい。
いったい、どんな夢を見ていると思う?

- **A** コンテストで優勝している夢
- **B** 好きな人と手をつないでいる夢
- **C** ゴージャスなスイーツを食べる夢
- **D** お年玉をもらっている夢

診断結果は**16**ページへGO!

ピアスをデザインしよう！

大きなダイヤモンドをプレゼントされたあなた。このダイヤモンドをピアスにするなら、どんなデザインを選ぶ？

- Ⓐ スクエアカット
- Ⓑ 星の形
- Ⓒ ハートの形

診断結果は次のページへGO！

このテストでわかるのは……

あなたのいいところ

まわりの友だちが「ステキだな!」と思っている、あなたのいいところを診断するよ★

A 人をホメるのが上手!

友だちをホメてあげるのが上手。あなたと話すと元気になれるってみんな思っているよ!

B 友だち作りが上手!

だれとでも、すぐに仲良くなれるのが長所。友だちになりたがっている人もたくさんいるよ★

C ひらめくことが上手!

あなたは、ステキなアイデアを思いつく天才! みんなからたよりにされているみたい♪

D サポートするのが上手!

やさしい思いやりの持ち主。困っていると助けてくれるから、みんな感謝しているはず。

あなたが本当にしたいこと

選んだダイヤモンドの形で、あなたの心にひそむ「本当の望み」をズバリ診断!

A 本当の自分を見つけたい!

本当の自分はどんな女の子なのか、気になっているみたい。積極的に行動すれば、ヒントが見つかるはずだよ★

B チャレンジしたい!

新しいことを始めたいと思っているあなた。今がコンテストや新しい習い事にチャレンジするチャンス!

C 人の役に立ちたい!

あなたは「人のために何かしたい!」と考えているやさしい人。まずは地域のボランティア活動に参加してみて♪

3 部屋をリフォームするなら？

「あなたの部屋を1つだけ、タダでリフォームしてあげる！」と言われたら、あなたはどこの場所をお願いする？

Ⓐ 窓を大きくしてほしい！

Ⓑ 新しいベッドがほしい！

Ⓒ 大きな本だながほしい！

診断結果は次のページへGO！

このテストでわかるのは……

診断結果 3

あなたが幸せになるヒント

今のあなたに足りないものがわかるよ！
生活にプラスして、幸せをゲットしちゃお★

A 友だちをたくさん増やす
話したことがないクラスの子や、他の学校の子とも交流を広めてみて♪　エンリョせずに話しかけるのが◎。

B のんびりリラックスする
ゆっくりと時間を過ごそう♪　シュミの時間をもっと増やして、好きなものに熱中すると満足感が得られるはず★

C 知識と情報を広げる
本や雑誌、ネットニュースやSNSを積極的にチェックしてみよう。思いがけないラッキーがねむっていそう♪

もっとHAPPYに！

幸せを呼ぶおまじない
鏡の中のハートマーク

丸い手鏡を用意して、あなたの顔を正面から映してね。ちょうど左の目元が映っている場所に、赤いペンで♡をかいて。毎朝その鏡で笑顔の練習をすれば、あなたのところに幸せがやってくるよ！

色とりどりのパワーストーン

謎の商人が、不思議な力を持つパワーストーンを売りにきたよ。1つだけ買うなら、あなたはどの色の石にする？

 赤　 青　 黄

 ピンク　 黒　 むらさき

 緑　 白　 茶

診断結果は次のページへGO！

このテストでわかるのは……

診断結果 4

あなたのかくれ才能

あなたのねむっている才能を診断するよ。
どんな才能なのか、結果をチェックしてみて！

- **A** まわりの人を引っぱっていく、**パワフルな才能**
- **B** 地道にこまかい作業をこなしていく、**せんさいな才能**
- **C** 新しいものを生み出していく、**クリエイティブな才能**
- **D** 居心地のいい空間を作る、**ムードメーカーの才能**
- **E** 1つのことをコツコツ続けていく、**マジメな才能**
- **F** わからないことを人にやさしく教える、**先生の才能**
- **G** 人と人のキズナをつなげる、**キューピッドの才能**
- **H** 人の気持ちをやさしくつつんであげる、**いやしの才能**
- **I** いろいろなことを学んで吸収する、**研究者の才能**

新しい自分を発掘！

才能を目覚めさせるおまじない
赤黒チョウチョ

日曜日の午後7時にやるおまじないだよ。まず、赤と黒の毛糸を30センチずつ用意して。その毛糸を2本重ねて、いつも使っているカバンの持ち手にチョウチョ結びにしてみて。自然に毛糸がほどけるまで、そのままカバンを使っていれば、いつの間にかあなたの中にねむっていた才能が目を覚ますよ♪

どれを買って帰る？

旅行先で、家族におみやげを買うことになったあなた。どれか1つだけ選ぶなら、次のうち何を買って帰る？

Ⓐ ガラスのコップ

Ⓑ 丸くて大きなお皿

Ⓒ スプーン＆フォーク

診断結果は次のページへGO！

このテストでわかるのは……

診断結果 5

あなたのやる気が出るとき

どんなときに、あなたが本気を出して、
一生けん命になれるのかがわかるよ！

A 注目されるとやる気に！

まわりの人から見られていると感じると、やる気がアップするタイプ。みんなに注目されると「がんばる！」って前向きになるはず♪

B ホメられるとがんばる！

あなたは「すごいね！」と言われると、やる気がわいてくる人。「もっとホメられたい！」とがんばりすぎて、無理しないよう注意！

C ライバルがいると燃える！

負けずぎらいで、何でも1番になりたいと思うあなた。ライバルが強力であればあるほど、どんな困難もクリアできちゃうタイプ。

前向きになれる！

やる気をアップするおまじない
リップクリームマジック

新しいリップクリームを1つ用意してね。使い始める前に、リップクリームの容器の底に黒いペンで♤をかいて。やる気がなくなったな……と感じたら、このリップクリームを使ってみて。モチベーションがアップするよ。

まくらはどこに？

朝、起きたばかりの女の子が、ねぼけながらまくらを探しているよ。でも、なかなか見つからないみたい。どこにあると思う？

- A 夜、ねたときと同じ場所
- B 頭からズレたところ
- C 胸にだきかかえている
- D ベッドの下に落ちている

診断結果は次のページへGO！

このテストでわかるのは……

診断結果 6 あなたの中にあるなやみ

あなたの心の中にある、モヤモヤした不安の正体を診断するよ。

A 不安なんてゼロ！
これと言って大きななやみや心配ごとがない、バランスのいい状態。今の感じをキープするよう心がけて。

B 予定がパンパン
やりたいことはたくさんあるのに、時間が足りなくなっているみたい。予定をリストにかきだしてみよう。

C 対人トラブル
家族や友だちのことで、気分がモヤモヤしているのかも。伝えないといけないことは、早めに話そう！

D 人に言えないなやみ
だれにも言えないヒミツのなやみを持っていそう。ストレスを上手に解消して、爆発しないよう注意して。

不安を解消するおまじない
モヤモヤバイバイ

気分すっきり！

白い紙を用意して、青いペンで「モヤモヤ」と100回かいて。文字は好きな場所に、ぐちゃぐちゃにかいてOK。100回かいたら、紙をグシャッと丸めてゴミ箱に捨ててね。不安がすーっと消えていくよ。

ぐしゃ！！　もやもや〜　ぽい

3つのトビラ

不気味な館に迷いこんでしまったあなた。目の前には3つのトビラが。次に進むためには、どのトビラを開ければいいと思う？

- Ⓐ 右のトビラ
- Ⓑ 左のトビラ
- Ⓒ 真ん中のトビラ

診断結果は次のページへGO！

このテストでわかるのは……

あなたが今ほしいもの

あなたが今、心から手に入れたいと思っているものが、ズバリ何なのか診断しちゃうよ！

A ラブがほしい！
恋をしたい気持ちでいっぱいになっているみたい。突然出会った初対面の男の子に、いきなりひと目ぼれしちゃう可能性も！

B 人気がほしい！
まわりから、注目されたい気持ちが高まっているよ。やる気もいっぱいあるから、勉強やシュミも、はり切ってがんばれちゃうはず★

C 時間がほしい！
大好きなマンガやアイドルなど、今、夢中になっているものに集中したい気分だよ♪ 何かグッズを集めたくなっちゃうかも！

ほしいものゲット★

望みをかなえるおまじない
月光でねらいうち

コップに入れたミネラルウォーターを、満月の光に1時間あててね。そして「ディアーナ」と3回となえてから、ミネラルウォーターを一気に飲みほそう。月の女神様が願いをサポートしてくれるよ♡

ニキビができちゃった！

右の女の子の顔のイラストに、好きなだけニキビをかいてみて。いくつかいてもOKだよ。

9 うしろ姿の女の人

あなたの目の前に、若い女の人が歩いているよ。彼女はいったい、どんな表情をして歩いていると思う？

Ⓐ 泣いている　　Ⓑ 笑っている
Ⓒ 無表情

診断結果は次のページへGO！

このテストでわかるのは……

あなたのコンプレックス

ニキビの数は、あなたが「何とかしたい！」と思っている、コンプレックスの数。多かった人は自分に自信がないのかも。

A 8コ以上
コンプレックス多め。何かにつけ、なやみがちかも。

B 3〜7コ
好きなところとコンプレックスは半分ずつくらい。

C 2コ以下
自分が大好きなタイプ。コンプレックスとは無縁!?

あなたの感情の表し方

あなたがどんな風に感情を表現するかを診断するよ。さっそくチェックしてみよう！

A モロに出る(100%)
あなたは自分の気持ちに素直で、ストレートに表現するタイプ。正直すぎてウソはすぐにばれちゃいそう。

B 強がる(60%)
ツラくても「だいじょうぶ」と平気なふりをするあなた。でもがんばりすぎるとパンクするから気をつけて。

C 出ない(10%)
ついつい本音は心の奥にかくしてしまうタイプ。悲しいことやうれしいことを、素直に伝える練習をしよう。

Part 1 性格・才能まるわかりテスト

心理テスト 10
女神様のオノ

魔法の泉にオノを落としたら、泉に住む女神様が現れた！ 女神様が手にしているものは、いったい何だと思う？

- Ⓐ 落としたオノ
- Ⓑ 楽器
- Ⓒ じつは女神様じゃない

心理テスト 11
カンバンの文字

けわしい山を登っていたらカンバンを発見！ いったいどんな文字がかいてあると思う？

- Ⓐ いきどまり
- Ⓑ この先キケン！
- Ⓒ クマに注意
- Ⓓ ガケくずれ

診断結果は次のページへGO！

・・・・・・このテストでわかるのは・・・・・・

診断結果 10 あなたの**アイデアセンス**

あなたのひらめき度や、
どんなセンスをもっているのかがわかっちゃう★

A ひらめき度 10%
「これは○○だから」とマイルールが厳しいあなた。もう少し頭をやわらかくすると、ひらめき度もアップするはず！

B ひらめき度 90%
常識にしばられず、自由にアイデアを思いつくタイプ。ただ、見た目だけにとらわれないよう注意して。

C ひらめき度 200%!?
かなりユニークな考え方ができる天才。でもぶっ飛びすぎて、まわりの理解は得られないかも……。

診断結果 11 あなたの**頭の回転の速さ**

頭の回転の速さがわかるよ♪
あなたの結果はどうだったか、チェックしてみよう！

A ふつう
頭の回転の速さはふつう。他の人の意見を取り入れると、理解力がもっとアップするよ！

B 自信しだい
飲みこみは速いタイプ。もっと自信を持ってチャレンジすれば、さらに速くなるはず。

C とっても速い！
何ごともパパッと解決するスマートな人。速すぎてまわりの人はついていけないかも!?

D ムラがある
かなり頭のいいタイプだけど、気分によって成果はまちまち。努力し続けることが大事★

心理テスト 12

マイグラスを プレゼント！

ステキなグラスをもらうことになったあなた。自分の名前を入れてもらうなら、どこにお願いする？

- **A** グラスの真ん中
- **B** 持つところ
- **C** 底のプレート

心理テスト 13

2人の間に あるものは？

イラストの2人の間に、何かものを置くとしたら何を置く？ 頭で考えず直感でパッと選んで！

- **A** イヌ
- **B** フルーツ
- **C** 太陽

診断結果は次のページへGO！

このテストでわかるのは……

診断結果 12

自信を持っているところ

みんなにはヒミツにしていても、
あなたがこっそり自信を持っているところがわかるよ！

 頭のよさ！

頭のよさに自信を持っているタイプ。何ごともミスせずにこなせると思っているよ。

 広い心！

小さなことでカッカしない、広い心が自まん。ケンカを見ると悲しくなっちゃう。

 パワフルさ！

タフな体力が、あなたの自信の源。ちょっとぐらい無理をしても、へこたれない人。

診断結果 13

あなたの大事なもの

生きていく上で、あなたが大切にしているものは何かわかるよ。さっそく結果を見てみよう♡

 友だちや家族

昔からの友だちや家族との、コミュニケーションを何よりも大切にしているタイプ。

 ごほうび

がんばったらがんばった分だけ、ごほうびがほしい人。ホメられるとやる気が出るはず。

 将来の夢

まわりの人を応援することが大好きで、自分自身も夢や希望を大事にするタイプ。

モンスター現る!

目の前におそろしい怪物が現れた！ 持っているピストルでやっつけられるかも！ 何発うってみる？

- **A** 1発
- **B** 2発
- **C** 3発以上

机の中には何がある？

教室の机の中から、あるものを発見しておどろいている女の子。それは次のうち、いったいどれだったと思う？

- **A** 友だちに貸していた本
- **B** 親友からの手紙
- **C** だれかの手作りおかし

Part 1 性格・才能まるわかりテスト

診断結果は次のページへGO！

このテストでわかるのは……

あなたの積極性

いざと言うとき、あなたが積極的になるか、消極的になるかどうかがわかっちゃう★

何に対してもバリバリ取り組む、超積極的な人。気合いで何ごとも乗りこえるタイプ。

1つ1つ確認してからじゃないと動けないタイプ。もう少しだいたんになってみよう！

C じつは消極的

まわりにおだてられるとイヤと言えない人。本当は心の中でビクビクしているのかも。

あなたのめんどう見のよさ

他の人に対する、あなたのめんどう見のよさがわかるよ。友だち関係が見えてくるかも!?

自分からはあまり人をたよらず、相手に何かしてもらったら、お返しをするタイプ。

あまえることが上手なので、受け身になりやすい人。ときにはしっかりお返ししようね。

ふだんから、まわりと助け合っているタイプ。友だちや先生の信らいも厚いはず★

Part 1 性格・才能まるわかりテスト

心理テスト 16

切手のない手紙

手紙をポストに入れたあと、切手をはるのを忘れていたことに気づいたあなた。さて、どうする？

- Ⓐ もう一度手紙をかく
- Ⓑ 郵便屋さんを待つ
- Ⓒ そのままにしちゃう

心理テスト 17

どんな花がさく？

小さな女の子が、1人で花だんに一生けん命花の種を植えているよ。いったいどんな花がさくと思う？

- Ⓐ バラ
- Ⓑ ユリ
- Ⓒ ヒマワリ

心理テスト 18

自由にラクガキ♪

右のイラストの男の子の顔に、自由にラクガキしていいよと言われたよ。あなたなら、まず何をかく？

- Ⓐ メガネ
- Ⓑ ヒゲ
- Ⓒ シワ

診断結果は次のページへGO！

このテストでわかるのは……

診断結果 16

あなたのテキトー度

あなたがテキトーかどうかを診断するよ！ 結果をチェックしてみてね★

- **A きっちりしっかり** — あなたは、ものごとをテキトーにすませるのがニガテ！ 手ぬきせずしっかりやり切るよ！
- **B 言いわけ上手** — バレそうになったら、うまく理由を作ってにげる天才！ けっこうテキトーなタイプ。
- **C 超テキトー人間** — 「いいかげん」と言われてもぜんぜん気にしないあなた。こだわりがなくて逆に潔い!?

診断結果 17

あなたの理想の女性

将来、あなたがどんな女性になりたいのか、理想の女性像をズバリ診断！

- **A お母さん** — あなたは将来、愛する家族にかこまれたお母さんになりたいと思っているみたい。
- **B アーティスト** — 才能を武器にセンスを生かして活動する、芸術家になりたいと思っているよ。
- **C キャリアウーマン** — バリバリ働いてお金をかせぐ、かっこいいキャリアウーマンがあなたのあこがれ！

診断結果 18

あなたのホメられたいところ

あなたが人から「ホメられたい！」と思っているポイントを診断するよ★

- **A 頭のよさ！** — あなたは人に「頭がいい」と思われたい人。雑学をひろうするのが大好きなはず。
- **B 運動神経！** — 「パワフルな人」をアピールしたいあなた。スポーツで負けるとくやしくてたまらない！
- **C おしゃれセンス！** — 「おしゃれだね」「センスがいいね」と言われたいタイプ。ダサいなんてありえない！

心理テスト 19

目の前のボール

道を歩いていると、あなたの目の前にコロコロとボールが転がってきたよ。それはどんなボールだった？

- A サッカーボール
- B 野球のボール
- C テニスボール

心理テスト 20

ネコのおばけ！

夜、ねようとしてふとんに入ったら、ネコの幽霊が出てきちゃった！ニャーニャー言ってるけど、どうしよう？

- A 食べものをそなえる
- B お経をとなえる
- C まくらでたたいて追いはらう

心理テスト 21

開いてたなんて！

友だちと遊んでいるとき、ふとスカートのファスナーが全開だったことに気づいたよ。あなたならどうする？

- A 「開いてみたい！」と告白する
- B すぐにファスナーをあげる
- C 1人のときにこっそり直す

診断結果は次のページへGO！

このテストでわかるのは……

診断結果 19 — あなたのお金の感覚

ボールの種類によって、あなたのお金の使い方や、お金に対する考え方を診断★

A 大ざっぱ　お金のことは気にしない人。気づけば「ぜんぜんない！」なんてこともしょっちゅう。

B かなりのケチ　お金を使うよりも貯めるほうが好きな人。節約しすぎて「ケチ」って言われているかも。

C コツコツ貯金　マイペースにお金を貯めるタイプ。計画的に貯金して、ほしいものをパッと買う人。

診断結果 20 — あなたのビビリ度

ネコに対する態度によって、こわがり度がわかるよ！　ハートの強さをチェックしよう♪

A ハガネのハート　金属のように、強いハートの持ち主。退屈がニガテで、こわいことすら楽しんじゃう！

B ガラスのハート　あなたのハートはとてもデリケート。少しもの音がしただけでびっくりしちゃうはず。

C ハリネズミのハート　人前ではタフなふりをするけど、本当はこわがり！　強がって平気なふりをしちゃう。

診断結果 21 — あなたのみえっぱり度

この心理テストでは、みえっぱり度が診断できるよ。

A みえっぱり度ゼロ%　かっこ悪いところを見られても平気な人。むしろ「ネタになった！」って喜んじゃう。

B みえっぱり度20%　いつでもマイペースなタイプ。人の意見は気にしないから、何を言われてもへっちゃら。

C みえっぱり度80%　人の視線が気になってしかたがないあなた。気がつくとみえをはっちゃうタイプ。

あなたの ギャップ診断

オモテの顔 × ウラの顔

オモテの顔とウラの顔。2つのうち、当てはまるほうを選んで、あなたにひそむギャップを診断！

Part 1 性格・才能まるわかりテスト

オモテの顔 診断 1

魔法の国の王様に「好きなほうをプレゼントしてあげよう。1つ選びなさい」と言われたよ。あなたなら、どちらを選ぶ？

願いがかなう魔法のランプ → 診断 3 へ

お金が出てくる打出のこづち → 診断 2 へ

オモテの顔 診断 2

仲良しの友だち4人から同時に「今からいっしょに遊ぼう♪」とメールがきちゃった！
いったいどうしたらいいの!?

- 「4人で遊ばない？」と提案する → 診断3へ
- 遊ぶ内容によってだれと遊ぶか決める → 診断5へ

オモテの顔 診断 3

一度も話したことがないクラスメイトの教科書を、まちがえて持って帰ってしまったみたい。どうする？

- 「ごめんね！」とすぐに返す → 診断4へ
- だれもいないときにこっそり返す → 診断5へ

好きな男の子の目の前で、思いっ切り転んじゃったあなた。突然のことに彼はびっくりしているみたい。どうしよう？

「いた～い」と彼にあまえる → 診断7へ

「えへへ」と照れ笑いでごまかす → 診断6へ

オモテの顔診断 6

ときどきイジワルしてくる子から「いつもごめんね」と、いきなりあやまられちゃった。どんな気持ちになる？

すぐに許しちゃう。気にしない → 診断Aへ

「ウラがあるかも」とうたがっちゃう → 診断7へ

あなたのオモテの顔

診断 A 心やさしいピュアガール★

あなたのオモテの顔は、とても素直でピュア。だれの言うことでも「そうなんだ！」と全部信じて受け入れちゃう。やさしくて女の子らしい子だな、とまわりのみんなは思っているはず。でも、何でもすぐに信じちゃうから、ちょっとたよりないと感じている人も。

診断 B シンが強いしっかりお姉さん♥

「マジメでがんばり屋な優等生」それがあなたのオモテの顔。ツラいことがあってもくじけず、一生けん命努力する姿にみんな感心しているみたい。でも、ふざけたジョークを言うと怒られてしまいそうで「何だかこわいな……」ってニガテに思っている人もいそう。

診断結果

あなたがふだん、まわりの友だちに見せているオモテの顔を診断するよ♪

性格・才能まるわかりテスト Part1

診断C ♥ キュートなちゃっかりガール♪

あなたのオモテの顔は、キュートで明るい太陽みたいな女の子。いつも笑顔を忘れず、イヤなことがあっても元気いっぱい！ ポジティブだからみんなからも人気があるけど、おいしいところをサッと持っていく、ちゃっかりさんのイメージも強いみたい。

ウラの顔 診断 1

町を歩いていたら「アイドルになりませんか?」と、いきなりスカウトされちゃった! あなたならどう思う?

「私ってかわいいのかも!」 → 診断 3 へ

「だまそうとしているのかも……」 → 診断 2 へ

ウラの顔 診断 2

あるパーティーで、プレゼントを交換することになったよ。9コあるプレゼントから選ぶとしたら、どの箱にする？

- 一番大きくて立派な箱 → 診断 3 へ
- 小さくて手のひらに乗る箱 → 診断 4 へ

Part 1 性格・才能まるわかりテスト

ウラの顔 診断 3

友だちから急にお願いごとをされちゃった。早く帰りたいけど、手伝うと時間がかかりそう。どうする？

「手伝ってー!!」

- 手伝ってあげる → 診断 4 へ
- 「ごめんね！」と断る → 診断 5 へ

ウラの顔診断 4

歩いていたら知らないおばさんに声をかけられちゃった。知り合いに似てるんだって。それってだれだと思う？

- おばさんのむすめ → 診断7へ
- 売り出し中の新人アイドル → 診断5へ

ウラの顔診断 5

あなたは有名な女優。ミュージカルでロミオとジュリエットを演じるとしたら、どちらの役を演じてみたい？

- カッコイイ王子ロミオ → 診断7へ
- 美しいプリンセスジュリエット → 診断6へ

ウラの顔診断 6

仲がいいクラスメイトや友だちの中で、だれが一番先に結婚すると思う？ 頭で考えず、直感でパッと答えてね。

自分 ➡ 診断 7 へ

他の子 ➡ 診断 E へ

ウラの顔診断 7

ある朝、げた箱を見たらラブレターが入っていた！いったいだれからのラブレターだと思う？

ぜんぜん知らない子 ➡ 診断 F へ

気になっている彼 ➡ 診断 D へ

Part 1 性格・才能まるわかりテスト

あなたの ウラの顔

診断 D ワガママ女王様♥

あなたのウラの顔は、いつも自分が一番だと思っている女王様。まわりの人にちやほやされたり、注目されたりするとうれしくなっちゃうはず。つねに人気者じゃないとイヤだけど、たよられると、とことんめんどうを見てあげる、やさしい一面も持っているタイプ。

診断 E 勇かんなファイター！

あなたのウラの顔は、自分がこうだと思ったらどんどんつき進んでいく、たくましいファイター！ いつでもポジティブで勇気があって行動的。そんなあなたにあこがれている人も多いはず★ でも少し大ざっぱでルーズなところがあるから、チコクが他の人より多いかも……。

診断結果

あなたがいつもみんなにはヒミツにしている、ウラの顔を診断するよ♪

診断 F のんびりオトメ★

おっとりしていてマイペース。それがあなたのウラの顔だよ。何ごともあまり深く考えないから、まわりの人は「フラフラしていて、気になっちゃうな」とあなたを心配しているかも。「何か手伝えることはない？」と聞かれたら、エンリョせず素直にあまえてOKだよ。

オモテの顔 × ウラの顔 総合診断

44〜45ページのオモテの顔診断と、50〜51ページのウラの顔診断を組み合わせて、あなたのギャップ度を診断するよ！ミリョクをアップするおまじないも大しょうかい★

計算しすぎにご用心!?

ギャップ度 ★★★★★

A×D　G　作戦上手な計算ガール

上手にウラの顔をかくして、困ったことがあるとみんなにあまえる天才★　見た目は素直そうな印象だけど、じつはしっかり計算した行動をとるタイプ。手伝ってもらったら笑顔でお礼を伝えることを忘れないで！

もっとミリョクアップ！
計算ガール専用 おまじない

イエロースター

朝、左手の薬指のツメに黄色のペンで★をかいて、上からばんそうこうをはってね。その日の夜、7時にばんそうこうをはがして、★がキレイに消えていたら大成功！　ミリョクがグンとアップするよ♪

ギャップ度診断表

ウラ＼オモテ	A	B	C
D	G	J	M
E	H	K	N
F	I	L	O

表の見方
オモテの顔診断結果と、ウラの顔診断結果を組み合わせて診断するよ。オモテの顔がAでウラの顔がFならIの結果を見てね★

Part 1 性格・才能まるわかりテスト

ギャップ度 ★★★☆☆

A×E H だいたんなアクティブガール

ふだんはとてもおとなしいのに、いざとなると男の子に負けないくらい、行動力があるタイプ。まるで別人のように思い切ったアクションに、まわりはびっくりしながらも「なかなかやるな！」って思ってくれているはず♪

もっとミリョクアップ！

アクティブガール専用おまじない

ミラクルハンカチーフ

お気に入りのハンカチを用意してね。ハンカチのちょうど中心の部分に、赤いししゅう糸で＊マークをししゅうして「フリッグ」ととなえて。愛の女神があなたのミリョクを、グッと引き出してくれるよ♡

行動的で好感度◎！

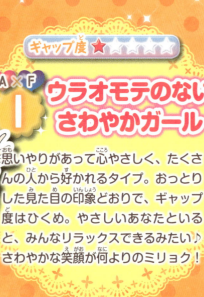

ギャップ度 ★☆☆☆☆

A×F 1

ウラオモテのない さわやかガール

思いやりがあって心やさしく、たくさんの人から好かれるタイプ。おっとりした見た目の印象どおりで、ギャップ度はひくめ。やさしいあなたといると、みんなリラックスできるみたい♪ さわやかな笑顔が何よりのミリョク！

クラスのみんなの人気者♪

もっとミリョクアップ！

さわやかガール専用 おまじない

花びらのお守り

好きな花の花びらを5枚用意してね。天気のいい日に白い紙の上に花びらを置いて、日光にあてて。カラカラにかわいたら、そのまま白い紙で花びらをつつんでね。ミリョクアップのお守りになるよ♪

性格・才能まるわかりテスト Part 1

ギャップ度 ★★★☆☆

B×D J

ワガママなおてんばガール

見た目は優等生でがんばり屋さん。でも、親しくなるにつれてどんどんワガママになっていくタイプ！ みんな最初はびっくりするけど、気づかいさえ忘れなければ、協力してくれる友だちが集まってくるはず★

もっとミリョクアップ！

おてんばガール専用 おまじない

すっきりレモン

縦横4センチの白い紙にレモンの絵をかいて、小さくおりたたんでね。それをだれにも見つからないように、おさいふの中に入れてみて！ あなたの人気運と、ビューティー運を高めてくれるよ♡

ワガママはほどほどに☆

ギャップ度 ★★★★☆

B×E K
たよりになるクールレディ

最初はマジメで冷たい印象だけど、仲良くなると「正義感にあふれた友情にあつい女の子」ってみんなに伝わるよ！ アドバイスが上手だからいろいろなタイプの友だちから、なやみごとを相談されちゃうかも。

大人っぽくてたよれる！

もっとミリョクアップ！

クールレディ専用おまじない

ビューティーミルク

名前をひらがなにして、文字の数を数えてね。山田由衣なら「や・ま・だ・ゆ・い」で5文字。コップに牛乳を入れて、文字の数の分だけ息をふきかけて飲みほして。ミリョクアップの効果があるよ★

Part 1 性格・才能まるわかりテスト

ギャップ度 ★★★☆☆

B×F **L** あまえ上手な いやし系女子

しっかりしているように見えるのに、ちょっぴりドジなところがあなたのミリョク★ 何ごとものんびりマイペースだから、まわりが助けてくれることも多いはず。きちんとお礼を言って、お返しをするところも好印象！

もっとミリョクアップ！

いやし系女子専用 おまじない

ヴィーナスのキャンディ

キャンディを1つ用意し、食べる前に、♀のマークを指でキャンディにかいてね。♀のマークは愛と美の女神、ヴィーナスのシンボルなの。あなたのビューティー運をサポートして、ツキをアップしてくれるはず♡

マイペースさがミリョク的♡

ギャップ度 ★☆☆☆☆

盛り上げ上手な元気ガール

明るいフンイキと、キュートな笑顔があなたのミリョク。見た目のフンイキどおりだから、いつもたくさんの人があなたのまわりに集まってくるはず♪ みんなへの思いやりを忘れなければ、人気者まちがいなし！

存在感はバツグン！

もっとミリョクアップ！

元気ガール専用おまじない

ゾロ目のエンジェル

時計を見たときに時間が「3時33分」や「4時44分」みたいにゾロ目だったら、おまじないのチャンス！ 目を閉じて「エンジェルにお願い」と心の中でとなえて。エンジェルがミリョクをアップしてくれるよ♡

ギャップ度 ★☆☆☆☆

C×E
N

行動的なハッピーガール

あなたはオモテとウラの顔にギャップがぜんぜんない人！　みんなからの信らいもあつく、チャンスをゲットする運も持っているよ。自分を信じて積極的に行動すれば、さらにラッキーを引き寄せられるはず！

もっとミリョクアップ！

ハッピーガール専用
おまじない

幸せを運ぶクツ

朝、出かけるときにクツを右からはいて、心の中で「シューズフェアリー、私のクツに祝福を」と念じて、左足からげんかんを出て！　あなたのミリョクをアップする、ステキなことが起きるはずだよ★

性格・才能まるわかりテスト　Part 1

幸せオーラをおすそわけ♪

ギャップ度 ★★☆☆☆

C×F 0 清らかなイノセントガール

あなたは、元気いっぱいで素直な女の子★ 見た目の印象どおり、正直＆ピュアな性格だから、わかりやすいウソにもついついだまされがち。自分をしっかり持って、人の意見を聞くことも大事にしてみてね！

ピュアすぎて少し心配？

もっとミリョクアップ！

イノセントガール専用おまじない

金曜日のリボン

これは金曜日にかけるおまじないだよ。ピンク色のリボンを30センチ用意して、夜ねる前に左足首に結んでね。ねている間に、リボンのフェアリーがミリョクアップの魔法をかけてくれるはず！

スイーツ de 恋愛心理テスト

あなたはどんな恋に落ちる？

あなたの未来の恋を、心理テストで診断してみない？
診断別にラブ運アップのおまじないもしょうかいするよ！

Part 1 性格・才能まるわかりテスト

チョコレートクッキーの食べ方

恋愛心理テスト 1

お腹がペコペコのあなた。おいしそうなチョコレートクッキーをもらったよ。何コ食べる？

| 1～2コ → ❷へ | 3～4コ → ❸へ |

 イチゴの食べどき

ケーキのイチゴは、いつ食べる？

最初 → 4へ

最後 → 5へ

ひなまつりスイーツ

おだいり様とおひな様のスイーツ。食べるなら、どっち？

おだいり様 → 6へ

おひな様 → 7へ

 まっ茶のスイーツ

まっ茶のケーキに合うドリンクは、どっちだと思う？

カフェオレか コーヒー → 8へ

レモンティーか ミルクティー → 9へ

誕生日ケーキ

誕生日ケーキのプレートにかいてもらうなら？

| Happy Birthday! → 7 | お誕生日おめでとう！ → 6 |

カラフルジェリービーンズ

緑のジェリービーンズは、どんな味がすると思う？

| メロン → 10 | 青リンゴ → 11 |

Part 1 性格・才能まるわかりテスト

ハートのチョコレート

白・ピンク・茶の3色のチョコレート。どれから食べる？

| 白かピンク → 11へ | 茶 → 12へ |

あつあつホットケーキ

ホットケーキの上にかけるなら、どっち？

| ホイップクリーム → 9へ | メープルシロップ → 13へ |

カップチョコのゆうわく

1つだけ、チョコにワサビが入っているんだって。どのチョコだと思う？

| ハートカップのチョコ → 10へ | 丸いカップのチョコ → 13へ |

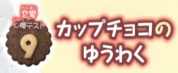

恋愛心理テスト 10 マカロンの順番は？

カラフルなマカロン。最後に食べるのは、何色？

 ピンク → 13へ

 茶、白 → 14へ

恋愛心理テスト 11 ひんやりフルーツ

フルーツでゼリーを作ったけど、何だか味が変！いったいどうして？

くさってる！ → 10へ　　砂糖と塩をまちがえた！ → 15へ

Part 1 性格・才能まるわかりテスト

12 イチゴタルトを分けよう

気になる彼と、タルトを半分こすることに。手がすべって大きさが変になっちゃった。どうしよう？

| 大きいほうを彼にあげる → 14へ | 小さいほうを彼にあげる → 15へ |

13 マフィンとジャム

おいしそうなマフィン！ ジャムをつけるなら、どっちのジャム？

| ブルーベリージャム → 16へ | マーマレードジャム → 20へ |

Part 1 性格・才能まるわかりテスト

14 アイスの名前は？

このアイスに名前をつけるなら、どっちの名前？

| ベリーベリーパラダイス → 19 | レディのためのアイスクリーム → 20 |

---

15 焼きたてパイをどうぞ

今日のおやつはパイ。何コ食べる？

| 1〜5コ → 14 | 6コ以上 → 20 |

---

16 ケーキが食べたいのに…

今日はケーキの気分。それなのにお団子しかないみたい。どうしよう？

| お団子でガマン…… → 17 | ケーキを買いに行く！ → 18 |

アイスクリームサンデー

おいしそうなアイスクリーム&フルーツ。どうやって食べる？

| アイスとフルーツをまぜて食べる → 19へ | アイスとフルーツを分けて食べる → 20へ |

ケーキそうだつ戦！

じゃんけんで勝った順番にケーキが選べるよ。何を出す？

| パー → 20へ | グーかチョキ → 21へ |

19 王様のデザート

このケーキは王様専用。いったいどうしてだと思う？

- 値段がとても高いから → 21へ
- 世界で1人しか作れないから → 22へ

20 お茶会のおかし

今日は友だちとお茶会！ あなたは何から食べる？

- カップケーキ → 21へ
- チョコサンドクッキー → 22へ

21 ミニミニケーキ

ひと口サイズの小さなケーキ。何コくらい食べられそう？

- 3コ以下 → 23へ
- 4コ以上！ → 24へ

Part 1 性格・才能まるわかりテスト

シュークリームの中には？

クリームの中に、フルーツがかくれているんだって。それは何？

- イチゴかモモ → 23
- バナナかキウイ → 25

朝ごはんを食べよう！

グラノーラにはミルクをかける？ ヨーグルトをかける？

- ミルク → A
- ヨーグルト → 26

お花見のおとも♪

お花見で食べるなら、どっちのおモチがいい？

- 草モチ → A
- さくらモチ → B

25 山盛りドーナッツ★

たくさんドーナッツをもらっちゃった！ どうしよう？

みんなで分ける → 診断 **B**

ひとりじめしちゃう → 診断 **D**

26 マンゴープリン

フルーツたっぷりのマンゴープリン！ 何から食べる？

マンゴープリン！ → 診断 **C**

まわりのフルーツ！ → 診断 **D**

Part 1 性格・才能まるわかりテスト

あなたは こんな恋に落ちる！

あなたが将来、どんな恋に落ちるかを診断するよ！ ラブ運アップの㊙おまじないもいっしょにチェックしてね♡

診断 A　ときめき満点！

ドキドキな恋

恋をすると、あなたはいちずな女の子に大変身！　1日中彼のことばかり考えちゃう。他の女の子と話しているだけでシットして、彼の好きなアイドルにまでヤキモチを焼いちゃいそう♡でも、そんなあなたを彼はやさしくリードしてくれるからだいじょうぶ。安心して好きなだけあまえてね！

ステキなハプニングが起きるかも！

あなたのラブ♡サイン

おしゃべりチャンス

朝、教室に入ったときに、あなたの1つ前の出席番号の子とぐうぜん目が合ったら、うれしいことが起きる予感！　気になる男の子から、たくさん話しかけられちゃうかも♡

あなたの恋をサポート♡ ㊙おまじない

ラブ運をあげる、ヒミツのおまじないをこっそり教えちゃう★

ないしょのお守り

白い紙に気になる彼の名前を、緑のペンで9回かこう。その紙を小さくたたんで、おさいふに入れて恋のお守りにして。恋が実ったら紙を広げ、あなたの名前をピンクのペンで1回かくと、ずっとラブラブでいられるよ♡

LOVE LOVE コイン

あなたが生まれた年の50円玉を使うおまじないだよ。赤い紙に生まれた年の50円玉をつつんで、ポケットに入れて。彼と話すときに、ポケットの上から50円玉を3回たたいてみて。リラックスして楽しく話せるはず！

診断 B まるで映画！

ロマンチックな恋

ドラマやマンガのヒロインのように、ロマンチックな恋愛にあこがれているあなた。未来の彼は、そんなあなたの希望をすべてかなえてくれる王子様のような人♡ 記念日のプレゼントは当たり前、ステキなサプライズをたくさん考えてくれるから、いつまでたっても仲良くいられるはず♡

あなたのラブ♡サイン
コインのお告げ

今、おさいふの中に1円玉は何枚入っている？ もし7枚入っていたら、ステキな男の子に出会えるチャンスかも！ 出会える日まで、その1円玉は使わないように取っておいてね♪

ステキなハプニングが起きるかも！

あなたの恋をサポート♡ ㊙おまじない

ラブ運をあげる、ヒミツのおまじないをこっそり教えちゃう★

恋するイチゴ

好きなイチゴ味のおかしを用意して。チョコレート、キャンディ、何でもOK！目を閉じて、心の中に真っ赤なハートを思いうかべてから、おかしを食べてみて！恋愛の女神様が、あなたの恋に協力してくれるはず♡

気持ちを伝える窓

あなたの部屋か家にある窓ガラスに、ふーっと息をふきかけてね。窓ガラスが息でくもっている間に、気になる彼の名前をフルネームでかけたら、告白の成功率が大アップ！1日に何度チャレンジしてもOKだよ！

診断 **小悪魔参上！**

リードしてあげる恋

あなたは恋をすると、ちょっぴりワガママになっちゃうみたい。好きな彼をあの手この手で夢中にさせて、いつの間にかトリコにする天才！ デートのプランやスケジュールは、あなたが考えるようにするとうまくいくよ。彼をびっくりさせる計画を立てて、さらにラブラブになっちゃおう♡

ステキなハプニングが起きるかも！

あなたのラブ♡サイン
足元にご用心！

何もないのに、校庭で急につまずいたら、新たな恋が訪れるサイン！ 近いうちに理想の男の子と知り合えるかも？ ただし、ワザとつまずいても効果はないから、注意してね。

あなたの恋をサポート♡ ㊙おまじない

ラブ運をあげる、ヒミツのおまじないをこっそり教えちゃう★

手のひらのハート

おフロに入る前に、赤い水性ペンで左の手のひらにハートをかいて。ハートの中は、ぬりつぶさなくてだいじょうぶ。いつもどおり、おフロに入ったあと、ハートがキレイに消えていたら、ラブ運がアップしたサインだよ！

プシュケ、プシュケ、プシュケ

ドキドキメッセージ

好きな人に手紙をかくときや、携帯電話やスマホでメッセージを送るときは、目を閉じて、心の中で「プシュケ、プシュケ、プシュケ」ととなえてみて！その手紙やメッセージをきっかけにして、彼との仲がグッと親密になるはずだよ♡

診断 D 2人は親友!?

フレンドリーな恋

恋をしても、リラックスして彼と話すことができるあなた。両思いになっても、友だちのようなさっぱりした関係を育んでいくはず★ ケンカをしてもすぐに仲直りできるから、じっくりとおつき合いが続いていくよ。はじめてつき合った人とそのまま結婚する可能性も大！

ステキなハプニングが起きるかも！

あなたのラブ♡サイン
消しゴムぽろり

消しゴムを使っているときに、ポロッと先が欠けたら、捨てないで取っておいて！ 欠けた消しゴムを白い紙につつんでペンケースに入れておけば、あなたの恋をサポートする、お守りになるよ♡

あなたの恋をサポート♥ ㊙おまじない

ラブ運をあげる、ヒミツのおまじないをこっそり教えちゃう★

恋をかなえるしおり

ピンクの紙を細長く切って、しおりを作ってね。満月の夜に、そのしおりを月の光にひと晩あてよう。小説やマンガの告白シーンに、そのしおりをはさんでおいておくと、いつの間にかそのシーンが現実になるよ♡

まかせて！

ダビデの星

青い折り紙を1枚用意しよう。折り紙の白い面に、青いペンでイラストを参考にダビデの星をかいてね！ その紙を机の引き出しの中に、ぐちゃぐちゃにならないようにきちんとしまっておくと、彼から話しかけられるはず★

このテストで わかるのは **男の子の どこを見て 好きになるかよ！**

診断結果

A 見た目の良さ
あなたは面食いな女の子。第一印象で恋に落ちるタイプ♡

B 性格の良さ
じっくりとつき合って、彼の性格をこまかくチェックするタイプだよ★

D 運動神経の良さ
あなたはスポーツが得意で、元気な男の子が気になるタイプ♪

C 頭の良さ
頭の回転が速い、スマートな男の子にドキッとしちゃうはず！

当たって…る かも… そーなんだ

Part 2

こっそりチェックしちゃお♥

気になる彼のタイプ&本音

大好きな彼のタイプをチェックして、もっと仲良くなっちゃおう♡ まずは彼と友だちになって、少しずつキョリを縮めていくのがおすすめ。心理テストの力を借りて、あなたの恋を実らせる、スペシャルおまじないも大公開!!

彼はどんな男の子？ 恋するあの人の BOYSタイプ診断

彼のBOYSタイプを調べて、仲良くなるヒケツをチェックしよう！

CHECK 1 彼の身長は？

気になる彼の身長は、あなたと比べてどんな感じ？　こっそりとなりに立って、チェックしてみて！

- あなたより高い → 3へ
- 低い、または同じくらい → 2へ

CHECK 2 休み時間は？

休み時間や昼休みの間、彼はいつも何をしていることが多い？　彼の行動を思い出して答えてね。

- 友だちといっしょにいる → 5へ
- 1人でいることが多い → 7へ

CHECK 3 似ている動物は？

もし彼を動物にたとえるなら、どんな動物が思いうかぶ？　彼のふだんの行動や見た目で判断してみて♪

- イヌ、ネコ → 4へ
- サル、ライオン → 6へ

顔の形は？

彼の顔の形をたとえるなら、丸型、三角、四角、どれに一番近いと思う？　どちらとも言えない場合はチェック10に進んで！

丸型 ➡ **10へ**

三角、四角 ➡ **7へ**

どんな文字をかく？

彼のノートや、かいた後の黒板をこっそりチェックしてみよう。彼がかく文字は、どんな感じかな？

キレイ、またはふつう ➡ **9へ**

きたない、あまりうまくない ➡ **8へ**

登校時間は?

彼が学校に登校する時間は、朝早い? それともおそい? あなたの登校時間と比べてどうなのかでチェックしてみて!

 おそい → **9**へ

 早い → **11**へ

話し声は?

彼の話しているときの、声の大きさチェックだよ。実際に話しかけて、しっかり確認してみよう!

大きい、またはふつう → **13**へ

どちらかというと小さいほう → **14**へ

CHECK 8 ニキビの数は？

彼の顔にニキビはあるかな？ 彼に気づかれないようにこっそりチェックして、どれくらいあるのか数えてみてね。

- たくさん ➡ **15**へ
- 2～3コ、またはゼロ ➡ **11**へ

CHECK 9 彼のまぶたは？

彼のまぶたの形はどんな感じかな？ もしメガネをかけていたら、彼がメガネをはずしているスキに確認してみよう！

- ふたえ ➡ **12**へ
- ひとえ ➡ **11**へ

CHECK 10 授業中の彼は？

あなたの気になる彼は、授業中にいねむりしたことがある？ クラスや学校がちがうなら、本人に直接聞いてみてもOKだよ★

- ある ➡ **17**へ
- ない ➡ **13**へ

先生の好感度は？

彼に対する先生の好感度はどうかな？ 彼は先生に好かれてる？ それともおこられたり、しかられたりしていることのほうが多い？

- 好かれている！ ➡ **16**へ
- おこられているほうが多い ➡ **15**へ

12 アウトドア？インドア？

彼は昼休みに、よく外に遊びに出かけるタイプ？ それとも教室でジッと本を読んでいるタイプ？

- 教室にいることが多い ➡ **4**へ
- 他のクラスや外にいる ➡ **7**へ

13 忘れものは？

彼はよく忘れものをする人？ クラスの子に教科書を借りたり、ノートを借りたりしている？

- あまりない ➡ **18**へ
- すごく多い ➡ **17**へ

CHECK 14 体育の時間は?

ふだんはおとなしいのに、体育の授業になると、突然元気になってはりきるタイプ? それとも、いつもとあまりかわらないタイプ?

| すごく元気になる ➡ 18へ | あまりかわらない ➡ 診断Dへ |

CHECK 15 放課後の彼は？

授業が終わった後、彼はいつもどんな感じ？ いそいですぐに家に帰る？ それとも、教室でダラダラおしゃべりしている？

- すぐに帰る ➡ 診断Ｂへ
- なかなか帰らない ➡ 診断Ａへ

CHECK 16 芸能人に似ている？

彼に似ているアイドルやタレント、芸能人はいるかな？ 顔や声、フンイキで判断してみてね♪

- いる ➡ 診断Ａへ
- いない ➡ 診断Ｂへ

CHECK 17 手のあげ方は？

授業中、彼は手をあげるとき、どんな風にあげる？ あげるところを見たことがないなら、診断Cへ！

- まっすぐシャキッと上にあげる → 診断Cへ
- ひかえめにあげる → 診断Bへ

CHECK 18 そうじのときは？

そうじの時間、彼はどんな風に過ごしている？ きちんとマジメにそうじしている？ それとも友だちと遊んで、フザけている？

- マジメ → 診断Dへ
- フザけている → 診断Cへ

彼はこんな男の子

あなたの気になる彼はどのタイプかな？
接近㊙♥テクを使って仲良くなっちゃお♥

診断A

大人っぽい
クールBOY

しっかり者でおとなしい彼。はしゃいだり、さわいだりするのは少しニガテみたい。どんなことがあっても取り乱したりしない、クールなところがミリョク的な男の子だよ。でもシンはとてもマジメで誠実だから、なやみごとを相談されたり、たよられることも多いはず★

接近㊙♥テク

シュミを教えてもらっちゃお★

休み時間に授業でわからなかったところを質問したり、本や音楽の話をしてみよう！ 彼のシュミをリサーチして「私にも教えて！」と聞けば、仲良くなれることまちがいなし！

あなたの恋を応援！クールBOYともっと仲良くなるおまじない

3時のスイーツ

午後3時におやつを準備したら、食べる前に目を閉じて、深呼吸。「彼と仲良くなれますように」と心の中で念じながら食べて。だまったまま食べ終わらないと、効果がなくなるから注意。おやつを手作りすると、さらに◎！

チャンスを呼ぶ鈴

鈴がついているキーホルダーやストラップを用意してね。その鈴を7回鳴らして、両手を合わせたら目を閉じよう。そして「マナ・マフィア」と心の中でとなえれば、彼に接近するチャンスが3日以内にやってくるよ♡

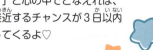

診断 B

陽気な お調子者BOY

めだちたがり屋で個性的。ちょっぴりお調子者な彼は、みんなの注目を集めることが大好き！ 最新の話題にとてもくわしく、うわさ話を聞きつけると、本当かどうか確かめたくなってウズウズしちゃう♪ 好奇心おうせいで行動力があるから、いつもクラスの中心的立場で人気が高いタイプ★

接近㊙テク

アニメやドラマの話題で

彼が大好きなドラマやアニメの話で盛り上がるのが正解♪ いつも彼が観ている番組をあなたもチェックしてみよう。「今○○観てる？」とリアルタイムでメッセージを送ると◎！

あなたの恋を応援！
お調子者BOYともっと仲良くなるおまじない

ハートのシャッター

彼の姿を見かけたら、まわりの人に見つからないように両手でハートマークを作ってね。ハートをカメラのフレームに見立てて、その中に彼の姿を写そう♡　シャッターを切る気持ちで「ラブ・ラブ・ラブ」ととなえればOK！

運命の赤い糸

好きな彼の持ちもの（なかったら写真でもOKだよ！）に、左手でさわってね。その日の夜、15センチ以上に切った赤い糸を用意して、左手の小指に3回巻きつけてねむってね。夢に彼が現れたら、両思いの日も近いよ♡

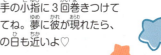

心やさしい
親切BOY

いつも笑顔で、だれにでも親切な彼♡ ただ、見た目よりキズつきやすくて、デリケートなところがあるよ。みんなを心配させるといけないから、ツラいことがあってもガマンしちゃうみたい。気配り上手で思いやりがある彼だから、友だちからの信らいもあつく、たよりにされてるよ★

世話を焼いてあげて♡

元気がないなと思ったら「だいじょうぶ?」と声をかけてあげよう! 彼はやさしい女の子がタイプ。気にかけてもらえるとうれしくなって、イシキしてくれるようになるはず♡

あなたの恋を応援！
親切BOYともっと仲良くなるおまじない

Part 2 気になる彼のタイプ＆本音

2羽の折りヅル

ピンクの折り紙の白い面にあなたのフルネームをかき、緑の折り紙の白い面に彼のフルネームをかいてね。2枚の折り紙の白い面同士をノリではったら、その紙でツルを折ろう。いつも使うカバンに入れておけば、恋のお守りになるよ。

恋のバスタイム

おフロに入って身体を洗うとき、まず左足の小指から洗ってね。あとはいつもどおり洗って、全身を洗い終わるまでに「リンクル」と、心の中でとなえて。あなたのミリョクがアップして、恋のチャンスがグッと増えるはず★

診断 D

元気な アクティブBOY

積極的で、どんなときも明るい彼★ スポーツが得意で、身体を動かすことが大好きみたい。ジッとしていられない性格だから、はり切りすぎて、たまにびっくりするようなドジをふむことも！ みんなをまとめるリーダータイプなのに、ちょっとヌケているところがミリョク的な人だよ♡

接近マル秘テク

外でいっしょに遊ぼう♪

外で遊ぶことが多い彼。勇気を出して声をかけて、いっしょに遊んでみて。身体を動かしている間に、彼も「この子と遊ぶと楽しい！」とあなたをイシキしてくれるはず♡

あなたの恋を応援！アクティブBOYともっと仲良くなるおまじない

ご縁を結ぶ5円玉

5円玉を彼の名前の文字数分、用意してね（田中礼央なら「た・な・か・れ・お」で5枚になるよ）。それを緑の袋に入れてお守りにし、いつも持ち歩くようにして★　彼とおしゃべりできるチャンスが訪れるよ♡

彼の近くをゲット！

トランプの♡のクイーンのカードを1枚準備してね。席がえする日の朝、そのカードをカバンの中に入れて登校しよう♪　ただし、だれにも見られないよう注意してね。気になる彼の前の席や、となりの席をゲットできちゃうよ！

彼のハートをのぞいちゃえ♥
気になる本音CHECK

大好きな彼がいったい何を考えているか知りたくない？
心理テストを使ってバッチリ、チェックできちゃう！

彼の本音CHECK ①　背中にタッチ！

彼に背中を向けて「最初に目に入った場所をさわってみて！」とお願いしよう。彼はどこにさわった？

診断結果は104ページへGO！

マークdeチェック！

白い紙を彼にわたして「○、△、□を好きな順番に並べかえて！」とお願いしてみよう。最初にかいたのは？

- Ⓐ ○
- Ⓑ △
- Ⓒ □

##

「ガムとキャンディとチョコレートで、一番好きなのは？」と彼に聞いてみよう。答えは何だった？

- Ⓐ ガム
- Ⓑ キャンディ
- Ⓒ チョコレート

診断結果は次のページへGO！

このテストでわかるのは……

彼のあなたに対する気持ち

あなたに対して、気になる彼がどんな感情を持っているか、選んだ場所からバッチリわかっちゃうよ♡

- **A** 好意を持っている♥
- **B** ちょっと気になる
- **C** ふつうの友だち
- **D** 仲のいい友だち
- **E** ただの知り合い
- **F** じつはニガテ……

女の子にひと目ぼれするポイント

女の子の好きになるところがわかっちゃう★
ここをみがけば好きになってもらえるかも!?

A 顔
彼はかなりのメンクイだよ！　かわいい子やキレイな子を見ると、目でおっちゃう★

B 性格
内面重視の彼。ひと目ぼれするというよりは、性格をじっくり知っていきたいタイプ。

C スタイル
スタイルのいい女の子と見るとドキッとしちゃう彼！　おしゃれセンスも気になるみたい。

女の子の好きなファッション

彼が好きな女の子のファッションをチェック！
コーディネートの参考にしてみてね♪

A カジュアル！
ミニスカートやショートパンツなど、ヘルシーでさわやかな肌見せカジュアルが彼の好み♥

B ロマンチック！
彼は女の子らしいフンイキのフリル＆レースのワンピースや、ロングスカートが気になるみたい。

C ボーイッシュ！
Tシャツ＆デニム、サロペットなど、アクティブでボーイッシュ＆元気なファッションが大好き！

彼の本音CHECK 4 好きな虫は？

彼に「チョウとカマキリとバッタなら、どの虫が好き？」って聞いてみて！　何が好きって答えた？

- **A** チョウ
- **B** カマキリ
- **C** バッタ

彼の本音CHECK 5 大好きなフルーツ

彼に「イチゴとリンゴとバナナなら、何から最初に食べる？」って聞いてみよう！　何て答えた？

- **A** イチゴ
- **B** リンゴ
- **C** バナナ

診断結果は次のページへGO！

このテストでわかるのは……

彼のイジワル度

気になる彼がイジワルかどうかをチェック！
イジワルにもいろんなタイプがあるみたい★

イジワル度ゼロ！

いつもまわりに気を使っている彼。イジワルするより親切にしなきゃって思っているよ。

ちょっぴりイジワル！

彼にとってイジワルするのはコミュニケーションの１つ。楽しければ何でもいいと思うみたい。

好きな子にはイジワル！

女の子をイシキすると、素直になれない彼。ついついイジワルして気を引こうとするよ。

彼のウワキ度

彼は気が多いタイプ？　それともいちずなタイプ？
診断結果をチェックしてみてね★

好きな人は1人だけ

彼は絶対にウワキをしない、いちずな人。1人の女の子を大事にしたいと考えているよ♡

ゆうわくに弱い……

自分からは進んでウワキはしないけど、言い寄られるとクラッとしちゃうみたい……！

プレイボーイ！

1人でも多くの女の子と仲良くなりたいと思っているみたい。なかなかのプレイボーイ★

リアクションゲーム

こっそり、気になる彼に近づいて背中をポンッとたたいてみて！
彼はどんなリアクションだった？

- **A** びっくりしてふり返る
- **B** ムッとした顔になった
- **C** 「何？」とふつうに返事
- **D** 「どうしたの？」と笑顔

気になる乗りもの

ジェット機とスペースシャトルと、ごうか客船。そうじゅうするなら何がいいか、彼に聞いてみて！

- **A** ジェット機
- **B** スペースシャトル
- **C** ごうか客船

このテストでわかるのは……

診断結果 6

ハプニング対処法

突然、何かアクシデントが起きたとき、彼がどんな行動をとるかがわかるよ。

A 大パニック

パニックになりやすいタイプ。ちょっとしたことで大さわぎしちゃう！あまり、たよりにはならなそう。

B 力で解決

彼はゴタゴタが起きても、力づくで解決しようとするタイプ。パワフルだけどちょっと強引かも!?

C あわてない

どんなときもマイペースな彼。何があってもあわてず、のんびりかまえているよ。意外に大物かも！

D 冷静に解決

彼は事態を冷静に見極めて、確実に解決するしっかり者！たよりがいがあって、たのもしく感じるはず♡

診断結果 7 彼の未来の姿

将来、彼はどんな大人になると思う？ 気になる彼の未来の姿をこっそりのぞいちゃお♪

ヤリ手の社長！

彼は将来、かなりビッグになる可能性が高い人！ 大きな企業の社長になって、歴史に名前を残しちゃうかも!?

マジメな会社員

家庭を築いて、家族のためにコツコツ働くタイプ。お金にはかえられない、幸せな時間を手に入れるはず♡

芸能界デビュー!?

彼は夢を追いかけるロマンチスト。個性を生かして、画家やマンガ家、タレントや芸人などになる可能性大！

手をつなぐ…かな？

正解は腕をからめるでした～！

診断結果

正解は B！

デートのときは腕をからめよう♡

じつは、手をつなぐことをはずかしがる男の子って意外と多いんだよ！　手のひらがピッタリ密着するより、つかずはなれずのキョリで腕を組んだほうが、ドキッとしてもらえるよ♡

でもでも！カップルはみんな手をつないでいるのに？

最初は手をつなぐよりさりげなく腕を組むほうがいいんだよ

Part 3
目指せクラスの人気者！

キラモテ心理学講座

人はどういうときに**ときめいたり、ドキッとしたり**するか知ってる？　人の心理がどのように働くか理解すれば、気になる彼の**ハートをがっちりつかむ**ことができるよ！　簡単な心理クイズに答えて、**モテるテクニック**を学んじゃお♡

1 メールを出すなら？

気になる彼に「今何してるの？」とメールを出すことにしたよ。一番彼をドキッとさせる時間帯は、いつだと思う？

Ⓐ 朝　　Ⓑ 昼　　Ⓒ 夜

診断結果は118ページへGO！

キラモテ心理学 2

男の子と話すコツ

男の子と話すときにきんちょうしないために、心がけるといいポイントは次のうちどれだと思う？

- Ⓐ 「きんちょうしてもいいや」と開き直る
- Ⓑ 「きんちょうしちゃダメ！」と自分を追いこむ
- Ⓒ 「ササッと終わらせよう！」と短く話す

診断結果は次のページへGO！

Part 3 キラモテ心理学講座

正解は ▶▶▶ メールは朝、送ろう

朝メールすると、あなたの存在を彼に印象づけられるよ。1日中、あなたのことを考えてくれるはず！

もっとめちゃモテ！㊙テクニック
メールの内容は短いほうが◎

毎日送るメールは、あいさつのような短いものがおすすめ！ 長いメールは、プレッシャーになることもあるので、なるべくさけて。

正解は ▶▶▶ A！ 開き直ろう

きんちょうしてもいいや！ と開き直るのが大事。なれてくれば、自然に話せるようになるから安心して★

もっとめちゃモテ！㊙テクニック
話題のネタを用意しよう！

彼のシュミをリサーチして、好きな話題をふると盛り上がるよ！ 最初は彼の聞き役に回れば、少しずつ楽しんで話せるようになるはず★

3 たのまれごとをされたら

気になる彼に「手伝ってほしい」とたのまれたあなた。どういう風に答えれば、好感度がアップすると思う？

- **A**「もちろん！」と笑顔でOKする
- **B**「○○くんが言うならOKだよ」と言う
- **C**「ちょっと考えさせて」とじらす

診断結果は次のページへGO！

正解は▶▶▶ B！ 特別感を出して

モテる女の子は男の子を喜ばすのが、とても上手！ すぐにOKするのではなく「あなたのお願いだから聞いてあげてもいいよ★」と特別感をアピール。こうすると相手はドキッとしちゃうんだって！

もっとめちゃモテ！ ㊙テクニック
あなたから声をかけてあげるのも◎

困っている彼を見かけたら、お願いされるのを待つのではなく、あなたから声をかけてあげるのも効果あり。「手伝えることはない？」と笑顔でサポートしてみて。気になる女の子として、あなたのことをイシキしてくれるようになるよ！

キラモテ心理学 4 話しかけるコツは?

気になる彼に、あなたの話をしっかり聞いてもらうためには、どんな風に話しかければ効果的だと思う?

A 「あのね……じつは……」ともったいぶって話す

B 「ちゃんと聞いてね!」と最初に念をおす

C 「○○なんだけど」と最初に大事なことを言う

診断結果は次のページへGO!

キラモテ心理学 4

正解は ▶▶▶ **C！ 大事なことから**

基本的に男の子は女の子よりも、おしゃべりがニガテ。最初に「学校の話なんだけど……」や「じつは友だちが……」など、何の話がしたいのかハッキリさせると、集中して話をしっかりと聞いてくれるようになるよ★

もっとめちゃモテ！ ㊙テクニック
話を上手に盛り上げるコツ

彼とおしゃべりすることは、イシキしてもらうためにとても大事なこと。話しかけても盛り上がらないときは、答えやすい質問に切りかえてみて♪「イヌとネコならどっちのほうが好き？」など、答えを選べるように質問するといいよ！

キラモテ心理学 5

正解は▶▶▶ 気にしない！

他の人の意見より、あなたの気持ちを大事にして。あなたが彼のことを「ステキだな♡」と思うなら、うわさは気にしなくてOK！　どうしても気になるなら、まわりの人に聞くよりも、あなた自身が彼を観察して、答えを出すことが大切だよ。

もっとめちゃモテ！㊙テクニック
信じることがスタート

恋愛は相手に対する信らいの気持ちがないと、うまくいかないもの。「これはウソ？　それとも本当？」と気にしていると、彼にもうたがう気持ちが伝わっちゃうよ。信じてもらいたければ、あなたがまず、彼を信じることから始めてみて★

6 彼を怒らせちゃった……

Part 3 キラモテ心理学講座

あなたのちょっとしたひと言で、彼が急にムッとしちゃった！ どうやってあやまるのが効果的だと思う？

- A 「ごめん！」と言い続ける
- B 「おわびに何かおごるね！」と言う
- C 「勝手にゴカイしないで！」と説明する

診断結果は**次のページへ**GO！

6 正解は ▶▶▶ B！ おわびにおごる！

相手の怒りをしずめたいときは、彼が好きな食べものや飲みものをわたして、まず気持ちを落ち着けてもらうのが大事！　人はものを食べたり飲んだりすると、冷静になれるんだよ。そこから2人で話し合ってね。

もっとめちゃモテ！㊙テクニック
伝え方を工夫しよう

男の子は女の子より、考え方がネガティブ。「話を聞いてよ！」と注意されるといつまでも気にしてウジウジしちゃうの。「○○君とゆっくりおしゃべりしたいな」「シュミの話をしてる姿、カッコいいね」など、ポジティブに伝えてあげよう★

デートのさそい方

Part 3 キラモテ心理学講座

気になる彼を映画にさそうとき、どんな風に言えばOKしてもらえると思う？ 3つの中から選んでね。

- Ⓐ 「あなたとデートしたいな！」
- Ⓑ 「この映画、観てみたいな♡」
- Ⓒ 「じつは、チケットがあるの……」

診断結果は**次のページ**へGO！

127

キラモテ心理学 7 正解は ▶▶▶ C！ 理由を伝えて

彼がもし、あなたのことを大好きなら、どんなさそい方をしてもOK！ でもまだ少し彼との間にキョリがあると感じるなら「映画のチケットが2枚あるから、あなたをさそったの」と理由をしっかり伝えるのがおすすめ♡

もっとめちゃモテ！㊙テクニック
断られてもメゲない！

もし、断られてしまったら「いきなりさそっちゃってごめんね」とあやまることを忘れないで。そうすれば、次にOKしてもらう可能性がグンとアップ！ 一度断られちゃったとしても、最低3回はチャレンジしてみよう。

キラモテ心理学 8 彼にイシキしてもらうには？

気になる彼に「かわいいな！」と思ってもらえるしぐさは、次の３つのうち、どれだと思う？

- Ⓐ 積極的なボディタッチ
- Ⓑ ほんの少し口を開ける
- Ⓒ 小悪魔っぽい上目使い

診断結果は**次のページ**へGO！

Part 3 キラモテ心理学講座

キラモテ心理学 8

正解は ▶▶▶ **B！ほんの少し口を開ける**

じつは口は、その人の心を表しているの。きっちり口を閉じていると「話しかけないで！」と、アピールしていることになっちゃう！　少しだけ口を開けて「話しかけてもいいよ♪」と、彼にアピールするのがおすすめ！

もっとめちゃモテ！㊙テクニック

スキを味方につけよう♡

男の子のハートはデリケートでフクザツ。「デートしない!?」と女の子からアピールされるとおどろいて引いちゃうし、ハッキリ断られるのもキズつくよ。あなたから、「デートにさそってくれたらうれしい♡」というスキを上手に作るのがポイント！

⑨ 告白大成功のせりふは？

思い切って、気になる彼に告白することにしたよ！　どんな風に伝えたら、告白をOKしてもらえると思う？

- Ⓐ 「初恋なんです！」
- Ⓑ 「ずっと好きでした！」
- Ⓒ 「私のこと、キライ？」

診断結果は次のページへGO！

Part 3 キラモテ心理学講座

⑨ 正解は ▶▶▶ A！ "初恋"をアピール！

「初めて」は人生に一度しかない、とても特別なもの。そんな特別なものをプレゼントされたら、だれだってうれしくなっちゃうはず。「あなただから、好きになったの」という特別あつかいが、彼のハートをドキッとさせるよ♡

もっとめちゃモテ！㊙テクニック
「初めて」の応用テクニック

他の人とつき合ったことがある場合は、「今までつき合った人はいるけど、こんなに好きになったのはあなただけ」と伝えるのがおすすめ。「だから、勇気を出して告白したの！」と伝えれば、彼もキュンキュン、ときめいちゃうはず♡

ここがだいじですよ。

キラモテ心理学 10 きおくに残るデートは？

気になる彼と初めてのデート。どんなことを心がければ、彼は「また遊びたい」って思ってくれるかな？

- Ⓐ 最低5回は笑いかける
- Ⓑ 相手の名前を最低5回は呼ぶ
- Ⓒ 最低1回はメイク直しをする

診断結果は**次のページ**へGO！

キラモテ心理学 11 好きな子がいる彼

気になる彼に、他に好きな子がいることが判明！　それでも、あきらめられないあなた。どうするのが正解？

- Ⓐ その子とはり合う
- Ⓑ 自分に自信を持つ
- Ⓒ 女子力アップにはげむ

診断結果は**135ページ**へGO！

キラモテ心理学 ⑩ 正解は ▶▶▶ B! 名前を呼ぼう

短い時間で彼に好印象を持ってもらうには、名前を呼ぶのがベスト！ はずかしくても彼の目を見て、しっかり伝えて。デートが終わるころには「次はいつさそえばいいかな」って思ってくれるはず！

もっとめちゃモテ！ ㊙テクニック
初デートで注意はNG

初めてのデートで、あれこれ彼に注意するのは逆効果！ もしどうしても言いたくなってしまったら、「もっとゆっくり歩いて！」と言うのではなく「いっしょに歩いてくれるとうれしいな♡」と伝えるのが◎。あとは笑顔を忘れずに過ごせばOK！

11 正解は ▶▶▶ B！ 自信を持とう！

彼にふり向いてもらえるように、ダイエットをしたりメイクをするのはステキなこと。でも「絶対、あの子に勝ってやる！」とはり合うのはNG。無理にがんばるより、あなたらしさに自信を持つことが大事だよ♡

もっとめちゃモテ！㊙テクニック
いつもステキな笑顔ですごそう

イライラ、ピリピリしている女の子より、心によゆうがある子のほうが断然モテるよ！「いつ、どんな人に話しかけられてもOKなように笑顔でいること」を心がけてみて。自然とハッピーオーラがあふれだして、ミリョクもアップするはず♪

心理テストで自分のミリョクを知って

自分に似合うおしゃれをするのはどう?

キラリン☆

心理テスト
目の前に大きな宝箱があるよ。中には何が入っていると思う?

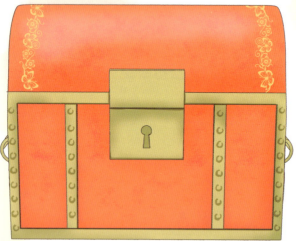

- **A** 宝石
- **B** アクセサリー
- **C** 宝の地図
- **D** からっぽ

宝石かな…?

キ…キラリン?

このテストでわかるのは…あなたのチャームポイント！

A 髪

ツヤサラヘアがミリョク的なあなた。かわいいヘアアクセで、アレンジを楽しもう♪

B 手・指

あなたのチャームポイントはキレイな手や指先。指輪やブレスレットなどのアクセが◎。

C ウェスト

キュッとしまったウェストがステキなあなた。シャツをインしたりベルトで強調しよう★

D 足

カモシカのようにスラッとした足を、ミニスカやショーパンでアピールしてみて！

チャームポイントはツヤサラヘアかぁ！
ヘアアレンジにチャレンジするといいかも！

ヘアアレンジ!?

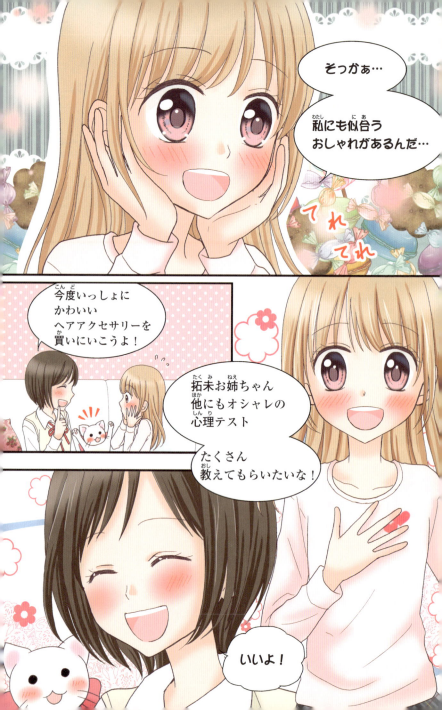

Part 4

視線をひとりじめ？

ファッション心理テク

ファッションを楽しむなら、まず自分に似合うファッションは何なのかを調べてみよっ★ あなたの女の子タイプをチェックして、ぴったりのお洋服はどんなものかバッチリ診断しちゃうよ♡ 明日からのコーディネートの参考にしてみてね！

あなたに似合うのは？
ファッションタイプ診断

あなたのフンイキにピッタリな、ファッション&アイテムをチェックしよう☆

ファッションタイプチェック 1 かならずチェックするテレビは？

毎週、かかさずにチェックしているテレビ番組はある？ 次の3つの中から一番近いものを選んでね。

ドラマやアニメ→ **3** へ

バラエティー→ **4** へ

ニュース、またはない→ **2** へ

ファッションタイプチェック 2 ペットにするなら？

誕生日に、新しいペットをむかえることになったよ。あなたなら、この中でどの動物をペットに選ぶ？

イヌかネコ→ **5** へ

ウサギかハムスター→ **4** へ

ファッションタイプチェック 3 あなたの血液型は？

あなたの血液型はA型？ O型？ それともAB型？ 血液型がわからない人は、チェック**9**に進んでね！

A型またはAB型→ **9** へ

B型またはO型→ **4** へ

お気に入りのアクセサリー

ファッションタイプチェック 5

ゴージャスなパーティーにさそわれたあなた。何か1つだけアクセサリーをつけるなら、どちらを選ぶ？

ティアラ→ 4 へ

ネックレス→ 1 へ

ファッションタイプチェック 6 一番大事なもの

女の子にとって、忘れてはいけないことって何だと思う？ 3つの中からパッと直感で選んでね。

ステキな笑顔 → 12 へ

やさしい思いやり → 10 へ

こだわりのファッション → 11 へ

ファッションタイプチェック 7 おしゃれな女の子

あなたにとって、おしゃれな女の子ってどんなイメージ？ 見た目と内面と、2つの方向から考えてみて！

自分の好きなものを着ている子 → 12 へ

流行のファッションを着ている子 → 10 へ

店員さんのおすすめを着ている子 → 11 へ

ファッションタイプチェック 8 サボった経験は？

あなたは今までに日直やそうじなど、決められた当番をサボったことはある？ 正直に答えてね。

はい → 診断 D へ　　いいえ → 11 へ

Part 4 ファッション心理テク

雨が降ってきた！

突然、大雨が降ってきちゃった！ おりたたみガサと置きガサ、2本持っていたあなた。だれに貸してあげる？

友だち→ 4 へ　　気になる彼→ 6 へ　　先生→ 10 へ

1つ貸してもらえないかな？
外すごい雨だし…
お願い〜！

実は今日、
カサ持ってくるの
忘れちゃって…

もしかしてカサ2本
持ってる？
余ってたら貸して
くれない？

先生雨に降られて
帰れなくて…
2本あるなら
貸してもらえないか？

ファッションタイプチェック 10 得意な授業は？

音楽と体育。どちらの授業のほうが、あなたは得意？　好きキライじゃなく得意かどうかで選んでね！

音楽→診断Aへ
体育→診断Bへ

Part 4 ファッション心理テク

ファッションタイプチェック 11 年下の男の子

自分よりも年下の男の子を「ステキだな」「かっこいいな」と思ったことが、一度でもある？

ある→診断Cへ　　ない→診断Dへ

お姉ちゃん見て〜

ファッションタイプチェック 12 チコクの経験は？

今まで、学校や友だちとの待ち合わせにチコクしたことはある？　覚えていない人は、診断Aを選んで！

ある→診断Aへ　　ない→診断Cへ

間に合わない〜!!

診断結果 あなたに似合うファッションをチェックして、注目を集めちゃお★

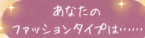

あなたのファッションタイプは……

診断 A フェミニン＆カジュアル

あなたは時間や約束をきちんと守るしっかり者タイプ。ふんわりスカートや花がらトップスなど、ちょっと背のびしたフェミニンなお姉さんスタイルがぴったり！ でもあんまりきっちりしたマジメな格好でかためると、近寄りがたい印象になっちゃうから、カジュアルをイシキするとGOOD★

もっとかわいくなろっ★ **センスアップのおすすめアイテム**

シュシュ＆ヘアピン

女の子らしいけど適度にカジュアルな、ふわふわのシュシュがおすすめ！ 髪の短い子はヘアピンで前髪をとめたり、ねじったりしておしゃれを楽しんで♪

大人っぽくまとめて足もとはカジュアルに♪

あなたの
ファッションタイプは……

診断 B ポップ＆スポーティー

笑顔がとってもステキなあなたは、そこにいるだけでまわりの空気をパッと明るくさせる人だよ。そんな明るいフンイキを、スニーカーやミニスカートなど、ポップなファッションでもっと高めよう♪ スポーティーなデザインを組み合わせると、活動的に見えてさらにミリョク的に！

センスアップのおすすめアイテム

モチーフつきキャップ

リボンやレースなど、女の子らしいモチーフつきのキャップを取り入れてみて！ ガーリーなイメージがプラスされるから、かわいさもほどよくアップ★

上着を腰巻きにして注目ひとりじめ☆

Part 4 ファッション心理テク

黒×ピンクでまとめて
ちょっぴり小悪魔風♡

あなたの
ファッションタイプは……

診断 **C** クール＆
スイート

どんなときもしっかりと、自分の意見を主張できるあなた。人とは少しちがう、アレンジや小ワザをきかせた個性的でかっこいいファッションがぴったり♡ そこにハートモチーフやフリルアイテム、レースなどであまさを足せば、クールなのにかわいいオリジナルファッションが完成！

もっと
かわいく
なろっ★ センスアップの
おすすめアイテム

リボンカチューシャ

クールにまとめたロックなスタイルでも、あまいフンイキのリボンカチューシャをプラスすれば、一気に女の子らしいムードになれるよ♡

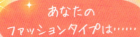
あなたのファッションタイプは……

診断 D ガーリー&トラッド

おっとりして、マイペースなところがあなたのミリョク★ ロマンチックなフリルやレースに、ちょっぴりトラッドなスクールガールのフンイキを足してみて♡ プリーツスカートやローファーを合わせれば、優等生っぽい落ち着いた印象になって、もう「たよりない」なんて言わせない！

もっとかわいくなろっ★ センスアップのおすすめアイテム

クラッシックなメガネ

かけるだけで知的に見える、クラッシックなフレームのメガネにチャレンジしてみよう！ スマートで、大人っぽいフンイキに大変身できちゃうはず♪

Part 4 ファッション心理テク

きちんと感あるアイテムでスマートさをアピール！

おしゃれアレンジ診断

あなたに似合うヘアスタイルは？

ステキなヘアアレンジで、まわりのみんなと差をつけちゃおう★
YESかNOかを選んで進んでね。

YES →
NO ┈┈→

START
シンプルな
デザインが好き

赤と青なら
青のほうが好き

ダイエットに
チャレンジ
したことがある

わからないこと
はすぐに調べる
タイプ

テレビを観るより
読書しているほうが
好き

イヌとネコなら
ネコのほうが
好き

Part 4 ファッション心理テク

困ったときは、すぐ人に相談するタイプ

あこがれの芸能人がいる → 診断 **A** 154ページへ！

どちらかというと流行にびんかんだと思う

アイスクリームよりゼリーが好き → 診断 **B** 155ページへ！

診断 **C** 156ページへ！

どちらかというとアウトドア派だと思う

診断 **D** 157ページへ！

診断結果 A

アクティブヘア が ◎

いつでも元気いっぱいなあなたには、アクティブなヘアスタイルがおすすめ★　思わず走りだしたくなっちゃうような、ハツラツとしたスタイルにチャレンジしてみよう！

ショートなら…

ワックスを使って前髪を、ジグザクにアレンジ！　毛束感をイシキしてみると、上手にできるよ♪

ミディアムなら…

かわいいシュシュやモチーフのついたヘアゴムを使って、ハーフアップにチャレンジしてみよう★

ロングなら…

高い位置で、ポニーテールやツインテールを作るのがおすすめ♡　ヘアクリームで上手にまとめて！

診断結果 B ゆるふわヘア が ◎

おっとりしたフンイキのあなたには、ふわふわしたお姫様のようなヘアアレンジがぴったり♡ 女の子らしいムード満点の愛されヘアが、ミリョクを引き出してくれるよ♪

Part 4 ファッション心理テク

ショートなら…

前髪やサイドの髪をみつあみにして、かわいいピンでとめてみて！ 色つきピンをクロスさせても◎。

ミディアムなら…

ロングなら…

サイドの髪をゆるめに取って、みつあみを作ろう。ゴムよりもピンでとめるのがおすすめ♡

低めの位置でポニーテールを作ろう★ きっちりまとめないでルーズにするのがポイント。

診断結果 C ― 知的なアレンジが ◎

大人っぽいムードで、いつもあわてずさわがず落ち着いているあなた。大人っぽいフンイキを、ヘアアレンジでさらにアップさせよう★ ひかえめだけどグッとおしゃれになるよ！

ショートなら…

> クシを使って髪の毛の分け目を、センターにしてみて！ グッと大人っぽいムードに♡

ミディアムなら…

> 前髪をななめに取って、みつあみやあみこみでアレンジしよう♪ 細いゴムでしばって、ピンでとめてね。

ロングなら…

> サイド結びがおすすめ！低めの位置でゆる〜く作るのが、大人っぽいままかわいくなるコツ！

診断結果 D　クールなヘア が ◎

キリッとしたフンイキが、かっこいいあなた。そのムードを生かして、女の子っぽさをプラスすればカンペキ！　みんなの視線が集中しちゃう、クールなアレンジがぴったりだよ★

ショートなら…

前髪をまとめて軽くねじったあと、ピンでとめればスッキリしたポンパヘアの完成だよ！

ミディアムなら…

ロングなら…

サイドの髪をねじってピンでとめ、低めのポニーテールを作れば、さわやかなムードがただようよ★

高い位置でポニーテールを作り、バランスよくおくれ毛を出そう♡　前髪を分けて、おでこを出すのも◎！

Part 4　ファッション心理テク

お皿の料理は？

レストランで、シェフが今夜のメインディッシュを運んできてくれたよ。どんな料理だと思う？

A 七面鳥の丸焼き **B** 魚のパイ包み焼き **C** ローストビーフ

診断結果は **160ページ**へGO！

ファッション&メイクでツキをゲット☆ **おしゃれ**

窓のシルエットは？

不気味な洋館の前をとおりかかると、窓に不思議なシルエットがうかんでいたよ。正体は何だと思う？

A 火のついたロウソク **B** 髪がなびいている女性 **C** クチバシを開けているトリ

診断結果は **160ページ**へGO！

おしゃれ心理テスト 3

デートにお出かけ♡

これから大好きな彼女とデートに出かける人を発見！ 彼女の職業はいったい何だと思う？

A 郵便局員　　**B** スポーツインストラクター　　**C** 芸能人

診断結果は **161ページ**へGO！

心理テスト

おしゃれにラッキーを手に入れちゃお！
ツキを呼ぶアイテムやグッズを診断！

おしゃれ心理テスト 4

気球はどこへ？

この気球はある目的のために飛んでいるよ。それはいったい何だと思う？ 4つの中から選んでね。

A 結婚式の写真撮影　　**B** 世界一周の旅
C テレビ番組の収録　　**D** 企業のCM活動

診断結果は **161ページ**へGO！

Part 4 ファッション心理テク

診断結果 1 — このテストでわかるのは……

ラッキーなメイク

あなたにぴったりな、ツキを呼ぶメイクポイントを診断！

A まゆ毛をキレイに

自分に似合うまゆ毛を研究して、ナチュラルなメイクを目指すのが◎。細すぎたり、太すぎたりするまゆ毛にならないよう、注意してね。

B くちびるがポイント

ツヤツヤうるんのリップがマスト！色つきリップやグロスを使って、大人っぽさをイシキして♡ふだんのケアもおこたらないように！

C 目元に気合い！

ボリュームアップのマスカラを使い、女の子っぽくメイクを仕上げて。まつ毛のメイクオフはしっかりがマスト。美まつ毛を育ててね。

診断結果 2 — このテストでわかるのは……

ラッキーカラー

幸運を運んできてくれる、あなたの色を診断するよ★

A 暖色系

赤や黄、オレンジなど、あたたかさを感じさせる色があなたのラッキーカラーだよ！落ちこんだときに、勇気と元気をくれるはず☆

B 寒色系

青やむらさき、緑などクールな色が、あなたにツキを呼んでくれそう♡身のまわりの小物は、さわやかな寒色系でそろえてみて！

C モノトーン

大人っぽいシックな黒や白、グレーがあなたのおすすめカラーだよ♪運気がアップして、うれしいできごとが起きちゃいそう。

診断結果 **3** このテストでわかるのは……

あなたのラッキーグッズ

あなたのラッキーアイテムをチェックしよう！

Part 4 ファッション心理テク

A アニマルグッズ
動物のぬいぐるみやストラップ、アニマルイラストがついたグッズがおすすめ。動物モチーフのキーホルダーは、お守りにもなるよ☆

B ナチュラルグッズ
革や木などを使った自然素材のものを身につけて。木製のアクセなら、ブレスレットやネックレスがとくにラッキーを運んできてくれるよ！

C キラキラアイテム
鏡やシルバー製品など、キラめくものが幸運をくれるよ。ただし、よごれがめだちやすいから、ピカピカにみがいておくことが大切。

診断結果 **4** このテストでわかるのは……

ラッキーな香り
ラッキーな香りを診断するよ！

A さわやかなシトラス系
レモンやオレンジのように清潔感あふれる、かんきつ系のフレッシュな香りがラッキーだよ！

B セクシーなオリエンタル系
バニラやムスクなど、少し大人っぽいオリエンタルな香りが、あなたにツキを呼んでくれるよ★

C かわいいフローラル系
ラベンダーやバラ、ジャスミンなど、スイートな花の香りが、ツキをもたらしてくれるよ。

D あたたかみのあるグリーン系
森林の中にいるようなすっきりしたグリーンの香りが、ラッキーを呼び寄せてくれるはず！

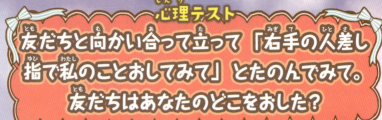

心理テスト

友だちと向かい合って立って「右手の人差し指で私のことおしてみて」とたのんでみて。友だちはあなたのどこをおした?

これで…何がわかるの?

診断結果

友だちがおした場所で、その子があなたをどう思っているかがわかるよ！

1 おでこをおした

あなたと「もっとおしゃべりしたいな」って思っているよ。

2 かたや胸をおした

内心、「少し強引な性格の子だわ」って思っているみたい。

3 首のまわりをおした

「ちょっとルーズな性格だよね」って思っているのかも。

4 それ以外をおした

あなたのことを「何だか暗い子だな……」って思っていそう。

ええっ！友だちの本音!?

私は4番かも…

うぅ…

Part 5

心の声、知りたくない？

クラスメイトの本音診断

クラスで一番仲良しの親友、いつもいっしょに遊ぶ友だち、一度も話したことがないけど、何だか気になるあの子……。まずはその子の友だちキャラタイプを心理テストで診断して、仲良くなるヒントやコツをコッソリ探っちゃおう★

気になるあの子のキャラクター診断☆

友だちのキャラタイプをチェックして、
仲良くなるコツをつかんじゃお！

友だちキャラ診断 1 　カバンをチェック♪

彼女のいつも使っているカバンには、マスコットやキーホルダーがついている？　何もついていない？

| 2コ以上ついている ➡3へ | 1コ、またはついていない ➡2へ |

友だちキャラ診断 2 　声の大きさチェック♪

彼女は友だちに話しかけるとき、あなたと比べて声は大きい？　どちらとも言えない場合は4に進んでね。

| 大きい ➡3へ | 小さい ➡4へ |

座り方チェック♪

彼女はイスに座るとき、足を組んで座っている？ それとも、ふつうに座っている？ どっちの姿をよく見かけるかな？

| 足を組んで座っている姿 → 6へ | ふつうに座っている姿 → 8へ |

Part 5 クラスメイトの本音診断

ファッション
チェック♪

彼女の私服はボーイッシュ？ それともガーリー？ 私服を見たことがない場合は、持ちものから判断してみて！

ボーイッシュ → 5へ

ガーリー → 7へ

⭐5 友だちキャラ診断 授業中の様子チェック♪

授業中、おしゃべりせずマジメに先生の話を聞いている？
クラスがちがってわからないときは、7に進んでね。

- マジメ ➡ 7へ
- そうでもない ➡ 9へ

⭐6 友だちキャラ診断 持ちものチェック♪

彼女が愛用しているステーショナリーは、シンプルな無地？ それともチェックやドットなど、もようがある？

- 無地 ➡ 13へ
- もようがある ➡ 12へ

⭐7 友だちキャラ診断 ヘアスタイルチェック♪

学校にくるときも、遊びにいくときも、髪型に気合いは入っている？ 彼女のヘアアレンジは上手かな？

- アレンジの天才！ ➡ 8へ
- けっこう適当かも ➡ 9へ

気分屋チェック♪

友だちキャラ診断 **8**

キゲンがいいときとキゲンが悪いときの差は激しい？ 彼女は怒ると、別人みたいにこわくなっちゃうタイプ？

| すごくかわっちゃう ➡ **12**へ | あまりかわらない ➡ **10**へ |

呼び方チェック♪

友だちキャラ診断 **9**

彼女は自分のことを「わたし」もしくは「あたし」って呼ぶ？ 「うち」や自分の名前で呼ぶタイプ？

| 「わたし」「あたし」 ➡ **11**へ | 他の呼び方 ➡ 診断**A**へ |

10 気さくさチェック♪

彼女は、男の子とも気さくに何でもおしゃべりするタイプ？
それとも、ガチガチにきんちょうしちゃうタイプ？

気さくな タイプ → 診断Aへ

きんちょう するタイプ → 診断Bへ

11 勉強チェック♪

彼女は毎日、宿題を家でやってくるタイプ？　学校に来てから「写させて〜！」と、あわてて友だちにお願いするタイプ？

家でやっている → 13へ

やっていない → 12へ

ともだちキャラ診断 12 ラクガキチェック♪

彼女の教科書やノートをこっそり見てみて！　ラクガキは多いかな？　わからない場合は診断Bに進んでね★

- ラクガキばっかり！ → 診断Cへ
- 少ない、もしくはない → 診断Bへ

ともだちキャラ診断 13 身だしなみチェック♪

ハンカチやポケットティッシュは、つねに持ち歩いている？　わからないときは、10に進んでね！

- 持ち歩いている → 診断Cへ
- 持っていない → 10へ

あなたの気になる友だちは、いったいどんなタイプかな？

A クラスを盛り上げる リーダーガール

クラスの意見をまとめて、みんなを引っぱっていくのが得意な彼女。ポジティブな姿勢と明るい笑顔が、チャームポイントだよ！　みんなとワイワイさわいだり、楽しいことが大好きだから、話しかけたときに、リアクションがうすいと「おもしろくなかったのかな？」と、悲しくなっちゃうタイプ。

仲良くなるコツ
おもしろい話題を入手しよう★
テレビや雑誌から楽しい話題を仕入れて、彼女に話しかけてみて！

ケンカしたときは……
すぐにあやまる！
ケンカを長引かせないように、さっぱりあやまるのがベストだよ。

おしゃべりスター

左の手のひらに星マークを3回かいて！ そして心の中で、楽しくおしゃべりしているあなたと彼女の姿を思いうかべてね！ そのまま左手で彼女の右かたをたたいて話しかければ、とっても会話が盛り上がるよ★

もっと仲良くなるための
友情アップ 秘 おまじない
2人のキズナを強くする、とっておきのおまじないだよ♡

時計のサポート

2人でいっしょに遊んでいるときに時計を見かけたら「クロノス、楽しい時間になりますように」と念じてみて！ 時間の神様があなたに味方して、2人の友情をグッと深める時間をプレゼントしてくれるはずだよ♪

クロノス、楽しい時間になりますように！

Part 5 クラスメイトの本音診断

B 正義感あふれる マジメガール

彼女はいいかげんなことが何よりもニガテ。マジメできっちりした性格だから、チコクが多い人やウソをつく人とは、じょじょにキョリを置いちゃうタイプ。仲良くなりたいなら、誠実でいることが何よりも大事だよ。情熱的で何ごとにも一生けん命だから、応援してあげるとよろこんでくれるはず☆

仲良くなるコツ
相談に乗ってもらおう★
勉強のことや友だちのことを、彼女に相談してみるのがおすすめ！

ケンカしたときは……
手紙であやまろう！
面と向かって直接あやまるよりも、手紙にかいてあやまるのが◎。

ないしょの手紙

彼女に手紙をかくときに使うおまじないだよ。手紙をかき終えたら紙をウラ向きにして、右下に緑のペンで小さく＊とかいてみて！あなたの「仲良くなりたい」という気持ちが、彼女にバッチリ伝わり、親しくなれるはず♪

Part 5 クラスメイトの本音診断

もっと仲良くなるための 友情アップ ㊙ おまじない

2人のキズナを強くする、とっておきのおまじないだよ♡

フルーツフレンドシップ

フルーツを食べる前に、右手の人差し指でトントントンと3回フルーツをたたこう。そして「○○ちゃんと仲良くなれますように」と心の中で念じて食べてね。2人で楽しくおしゃべりするチャンスが訪れるよ★

C ナイーブでおとなしい シャイガール

デリケートな性格で、人見知りしがちな彼女。親しくなるまでには少し時間がかかりそう。ただ、一度仲良くなるとキズナは永遠♡ さりげなく話しかけたり、毎日あいさつしたりして、少しずつキョリを縮めて！ らんぼうな態度やキツイ言葉使いはニガテみたい。彼女の前では使わないよう注意！

気使いを忘れずに★
彼女が困っていそうなときは、積極的に声をかけてあげよう！

ケンカしたときは……

しっかり話し合って！
ケンカしてもとことん話し合うことで、グッとキズナが深まるよ。

ヒミツのばんそうこう

左手の小指のツメに、赤いペンで友だちの名前のアルファベットをかいてね(ユミちゃんならYUMIでYになるよ)。その上にばんそうこうをはって、1日はずさずに過ごしてね。仲良くなるきっかけが訪れるよ♡

もっと仲良くなるための 友情アップ㊙おまじない

2人のキズナを強くする、とっておきのおまじないだよ♡

友情レインボー

外で彼女と遊んでいるとき、空を見上げて「イーリス」と5回つぶやいてみて。虹の女神様があなたと彼女のキズナを深めて、親密度をアップさせてくれちゃうよ★友情のかけ橋を、しっかりつないでくれるはず♪

Part 5 クラスメイトの本音診断

仲良しグループ★ポジションチェック

私ってどんな子に思われてる？

クラスの仲良しグループ内での自分の立場、気になるよね！
さっそくチェックして、もっとみんなと仲良くなろっ♪

ポジションチェック 1

人が多いと……

あなたはグループで集まるとワイワイさわいじゃうタイプ？ それとも、どちらかというと、もの静かなタイプ？

| すごくさわぐタイプ ➡2へ | あまりさわがないタイプ ➡3へ |

友だちのピンチ！

いつも明るい友だちが、1人でこっそり泣いているのを発見。まわりにはあなたしかいないみたい。どうする？

はげましてあげる →4へ

そっとしておいてあげる →5へ

楽しいときは？

あなたはおもしろいことがあると、思いっ切り笑うタイプ？　それとも、ひかえめにクスクス笑う？

思いっ切り笑う →5へ

クスクス笑う →6へ

友だちへのチェック 4

仲良しの子がまちがったことを言ったら、あなたはどうする？ ビシッと注意する？ 遠回しに言う？

| ビシッとストレートに言う ➡7へ | やんわりと遠回しに言う ➡8へ |

たのまれごとは？ 5

友だちに「手伝ってくれない？」とお願いされたら、あなたはいつも、どんな風に対応している？

| できることは引き受ける ➡8へ | 何でも引き受ける ➡9へ |

意見をまとめよう！

グループで意見を出し合うとき、どんな行動をとることが多い？　どちらでもないときは10に進んでね。

Part 5 クラスメイトの本音診断

自分の意見を主張する →9へ

他の人の意見にしたがう →10へ

相談ごとは？

友だちになやみや心配ごとを、よく相談するタイプ？ それとも、相談に乗ってあげるほうが多い？

相談する ほうが多い ➡診断 **B** へ

なやみを聞いて あげることが多い ➡ **13** へ

しかられたときは？

友だちが、先生にしかられているところを目げき！ あなたなら、どうやってはげましてあげる？

- 友だちのグチを聞いてあげる → **11**へ
- おもしろい話で気分をかえる → **12**へ

ボケ？ ツッコミ？

仲良しグループの中で、あなたはボケ役になることが多い？ それとも、ツッコミ役のほうが多い？

- ボケ役 → **12**へ
- ツッコミ役 → **13**へ

意見が通らないとき

みんなで遊びにいく計画を立てたけど、あなたの意見だけ採用されなかったよ。……どうする？

- くやしいけどガマン → 13へ
- もう一度主張する → 診断Dへ

恋のお手伝い

仲のいいとなりのクラスの友だちが、片思いの相談をしてきたよ！ あなたのとなりの席の男子が好きみたい♡

- たのまれれば協力する → 診断Aへ
- たのまれなくても協力する → 診断Bへ

世話焼きタイプ？

仲良しグループで、あなたは友だちにおせっかいするタイプ？　それとも、おせっかいされるタイプ？

- おせっかいするタイプ　→診断Bへ
- おせっかいされるタイプ　→診断Cへ

ドジしたときは？

うっかりみんなの前で転んじゃった！　ひざをすりむいたみたいだけど……あなたならどうする？

- 開き直って笑う　→診断Cへ
- 正直にいたがる　→診断Dへ

診断結果　グループで、あなたがまわりにどう思われているのかを診断★

A　楽しませてあげるタイプ

ノリがよくて元気なあなたは、仲良しグループ内のムードメーカー！あなたがいるだけで、その場がパッと明るくなるよ★　みんなを楽しませることにかけては、右に出る者はいないはず♪　テレビやネットをチェックして、おもしろい話題をみんなに教えてあげよう！

元気づけてあげるタイプ　B

いつも自然体で気取らないあなた。みんなあなたといると「落ち着く」「ホッとする」なんて、いやされているよ♡　そばにいてくれるだけで元気になれるって、友だちの間でも評判になっているみたい★　いろんなことに、よく気がついて声をかけるところも人気のひみつ。

C 相談に乗ってあげるタイプ

頭の回転が速く、つねに冷静でスマートなあなた。なやみごとや心配ごとを相談されることも多いはず。あなたからのアドバイスは、いつもわかりやすくて的確だと、みんなとてもたよりにしているよ。あわてずさわがず、大人っぽいフンイキがあこがれの的になっているみたい♡

D あまえんぼうタイプ

なぜか、構ってあげたくなるオーラをただよわせているあなた。まわりのみんなはいつも「だいじょうぶかな?」「困ってないかな?」とあなたを心配して、何かにつけサポートしたがっている感じ♪ ステキな笑顔で「ありがとう」と言われると、ついついあまやかしちゃう。

リアクション心理テスト

心の奥をのぞいちゃえ★

友だちがいつも何を考えているのか、気になるよね！　相手にバレないように、こ〜っそりチェックしちゃお♪

カードの順番

トランプの♥・♦・♠・♣のAのカードを用意して「好きな順番に並べてみて！」と友だちにお願いしてみて。

診断結果は192ページへGO！

このテストでわかるのは……

診断結果 1 友だちを選ぶ基準

トランプの順番で「何を基準に友だちを選ぶか」がわかっちゃう！ ♥は「性格」、◆は「お金」、♠は「見た目」、♣は「頭のよさ」だよ。一番目に選んだものほど、彼女にとっては重要な「友だちの条件」なの★

診断結果 2 あなたをどう思っているか

その子があなたに、どんな感情をいだいているかがわかるよ！

あなたの前に立った
特別な感情は、別に持っていないみたい。ただのクラスメイト、知り合いといったところ。仲良し度はふつうかも。

あなたの後ろに立った
あなたには、何をしても敵わないと思っているよ。理想の女の子として、目標にされているかも。仲良し度はそこそこ！

あなたの右に立った
あなたは彼女にとってライバルみたい！ 仲良し度はまずまず。はり合いすぎずに、協力し合うと、もっと仲良くなれるよ。

あなたの左に立った
あなたと対等な立場でいたいと思ってるよ。仲良し度は◎。相談したり、競い合ったりしてキズナをもっと深めよう！

このテストでわかるのは……

診断結果 ③ 友だちの見習いたいところ

その子の見習いたい、いいところを心理テストで探ってみよう★

A 意思の強さ！

しっかりと自分の考えを持っていて、信念を曲げないところがステキ。2人でいると、やる気がアップするはず♪

B ユニークさ！

ユニークなアイデアを次々に思いつく、じゅうなんな発想を見習いたい！　いっしょにいると視野が広がりそう。

C ポジティブさ！

どんなときも前向きで明るいタイプ。迷ったり困ったりしたら相談してみよう。いいアドバイスと、元気がもらえちゃうよ★

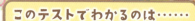

診断結果 ④ あなたのニガテなところ

友だちが思っている、あなたのニガテなところがわかるよ！

A 言葉使い

彼女は、あなたのちょっとらんぼうな言葉使いに困っているみたい。女の子らしく、やさしいしゃべり方を心がけて★

B うるさいところ

大きな声でギャーギャーはしゃぐところが、少しニガテに思われているかも。彼女の前ではおとなしく過ごすのがおすすめ。

C クヨクヨするところ

ものごとを決められない、ゆうじゅう不断なところが気になるみたい。ときには、自分の意見を伝えることも大事だよ。

リアクション心理テスト 5 白雪姫の配役

学校のみんなで、白雪姫のミュージカルをやるなら、だれがどの役をすればいいか、友だちに聞いてみて！

- 白雪姫役は？
- 王子様役は？
- 魔女の役は？
- 鏡の妖精は？
- 7人の小人は？

Part 5 クラスメイトの本音診断

リアクション心理テスト 6 数字当てはめテスト

1、2、4、5、6、100の数字に、女の子の友だちを当てはめてもらって★ だれがどの数字になった？

診断結果は次のページへGO！

このテストでわかるのは……

診断結果 5 どんな人と思っているか

友だちがクラスメイトのことを、どう思っているのかがわかるよ★

- **白雪姫**　信用できる人。まよったら真っ先に相談したい相手。
- **王子様**　仲良くなりたい人。気になっているけどキョリを感じる相手。
- **魔女**　ニガテな人。キラいじゃないけど、なぜか近寄りがたい存在。
- **鏡の妖精**　お願いごと、たのみごとがしやすい人。あまえられる相手。
- **7人の小人**　しっかりしているマジメな人。話しかけやすい相手。

診断結果 6 友だちの印象

友だちに対して、どんなイメージを持っているのかを診断するよ！

- **1**　さびしがり屋な人。1人でいるところを見ると、心配しちゃう相手。
- **2**　ウソが上手な人。だまされないように、けいかいしている相手。
- **4**　ファッションセンスがいい人。おしゃれでかわいいと思っている存在。
- **5**　うらやましいと感じる人。運のよさに、少しシットしているのかも？
- **6**　あこがれの人。あの人みたいになりたい！　と考えている相手だよ。
- **100**　ノーテンキな人。なやみごとがなさそうだな……と思っているみたい。

リアクション心理テスト 7

ポケットでチェック

もしポケットがたくさんついているワンピースを着ていたら、大事なものはどこに入れるか聞いてみて！

A 下半身にある ポケット（腰やおしり）

B 上半身にある ポケット（胸やお腹）

C その他（ポケットには入れないなど）

リアクション心理テスト 8

突然目かくし！

友だちの後ろから近づいて、急に目かくしをしてみて！だまったまま近づくのがコツ。どんな反応だった？

診断結果は次のページへGO！

このテストでわかるのは……

診断結果 7 彼女のなやみ

あなたの大事な友だちが今、何になやんでいるのかわかっちゃう！

A 自分のこと
自分自身の性格や見た目について、なやみごとがあるみたい。

B 家のこと
家族やきょうだいのことで、何か気にしていることがありそう。

C 勉強＆スポーツのこと
成績のことでなやんでいるのかも。話を聞いてあげるのが◎。

診断結果 8 自己中心度

本当の彼女はワガママ？　それとも親切？　反応から自己中心度がわかるよ★　声を出しておどろいたら自己中心度は低め。何も言わずに目かくしをはずしたら、大人になるとワガママに。無反応だった人は、自己中心度100%かも！

リアクション心理テスト 9 丸をかいて♪

この絵を友だちに見せて「好きなところに、もう1つ丸をかいてみて！」とお願いしよう★

リアクション心理テスト 10 アワでわかる！

このイラストはハンドソープで手を洗っているところ。ここに、丸いアワの絵を好きなだけかいてもらって！

診断結果は次のページへGO！

このテストでわかるのは……

診断結果 9 好きな人がいるかいないか

彼女に今、気になる男の子がいるのかいないのかを診断♥

重なるように丸をかいた
仲のいい男の子はいるけれど、彼はまだ恋愛対象ではないみたい。

最初の丸をかこむように大きな丸をかいた
片思いしている好きな男の子がいそう！　ぜひ協力してあげよう★

最初の丸の中に、小さな丸をかいた
すでに両思いの男の子がいるみたい。おつき合いの日も近い!?

ぜんぜんちがうところにかいた
好きな人募集中！　しょうかいしてあげると喜んでくれそう♪

診断結果 10 変身願望度

イラストにかいたアワの数で、変身願望の強さがわかるよ★

10コ以上かいた
もうすでに「新しい自分」に向けて、習いごとや新たなシュミを始めているかも？

6～9コかいた
今の自分と、ぜんぜんちがう自分になりたいみたい。変身願望はかなり強め。

3～5コかいた
変身願望はふつう。服装やメイクで、手軽にパッとイメチェンしたいのかも!?

2コ以下
彼女は今の自分が大好き♡　変身願望はほとんどないか、ゼロみたい。

ジュースをそそいで！

リアクション心理テスト 11

アイスコーヒー、コーラ、オレンジジュースを用意してね。友だちに、それぞれコップにそそいでもらおう。

「そそいでね！」
「OK！」

診断結果は次のページへGO！

ジュースを飲んで！

リアクション心理テスト 12

リアクション心理テスト11でそそいでもらったジュースを、好きな順番に並べて飲んでもらって★

「どれから飲んでるかわかる？」
「順番がわからない…！」

診断結果は205ページへGO！

Part 5 クラスメイトの本音診断

このテストでわかるのは……

診断結果 11 彼女の心の中

そそいだジュースの量で、彼女の心の中のバランスがわかるよ。

アイスコーヒーの量

コップにそそいだアイスコーヒーは、不安やおそれなどネガティブな気持ちの表れ。そそいだ量が多いほど、なやみも多いみたい。

コーラの量

コーラは好奇心や向上心を表すよ。量をたくさんそそいだ人は、今、夢に向かってすごくがんばっているという証だよ★

オレンジジュースの量

オレンジジュースは夢や希望を表しているよ。「あれしたい」「これしたい」と未来の計画を、いろいろ考えているのかも！

12 彼女の行動パターン

最初に何を飲んだかで、彼女の行動の優先順位がわかるよ。

最初に飲んだのは
アイスコーヒー

最初にアイスコーヒーを飲んだ人は、イヤなことは早く片づけるタイプ。夏休みの宿題は一気にバーッとやって、のびのび遊ぶ人。

最初に飲んだのは
コーラ

何ごとも計画を立てて、コツコツ進める人。ただ、好奇心がおうせいだから、ついつい寄り道しちゃって計画がおくれることも……！

最初に飲んだのは
オレンジジュース

楽しいことが大好きで、イヤなことは後回しにしちゃうタイプ。あとになって「早くやっておけばよかった！」って困ることが多いはず。

もっとみんなにアピールすべき、
あなたのミリョクをしょうかい！

A 明るさ

明るい笑顔が、あなたの何よりのチャームポイント！ どんなときも、さわやかな笑顔を心がければ、まわりの注目度もアップ。

B 元気さ

元気ハツラツで、パワフルなところを、もっとみんなにアピールしよう。あなたのポジティブな姿に、みんなひきつけられるはず。

C あたたかさ

思いやりがあって人の気持ちに寄りそえるところがあなたのミリョクだよ。困っている人には、積極的に声をかけてあげて。

D 誠実さ

約束は絶対に守る、とても誠実でマジメなところがあなたの長所★ チャラチャラしていない、落ち着いたフンイキがミリョクだよ。

約束だよ♡

友だちづき合いで注意すべき、
あなたのマイナスポイントを診断！

Part 5 クラスメイトの本音診断

A かたくるしさ

マジメすぎて、ちょっとかたくるしいかも。何でもかんでも「こうじゃなきゃダメ」と考えず、リラックスすることも大事♪

B ストレートさ

ストレートに、ズケズケとものを言い過ぎるところがあるみたい。口に出す前に頭でしっかり考えて、ガマンすることを覚えてね。

C なれなれしさ

スキンシップ多めで、だれにでも一方的にベタベタしちゃっているかも。適度なキョリも大切だから、言葉使いにはとくに気をつけて。

D ルーズさ

チコクが多すぎかも。みんなの信用をなくす可能性もあるから、どうしても時間におくれちゃうときは早めに連らくをしよう！

Part 6
みんなでワイワイ楽しも♪
おもしろ★心理テスト

1人でも楽しめるし、友だちといっしょでも楽しめる♪ 思わずプッとふきだしちゃう、おもしろ心理テストをたくさん集めたよ！ みんなにはないしょにしていた、あなたのヒミツもあの子のヒミツも、ぜ～んぶまるわかり!?

恋愛編

1 恋愛運をアップさせるアクション

それぞれの質問に YES か NO で答えてね！　YES →　NO →

START

- 花を育てたり、かざったりするのが好き
- ツラいことがあっても、ガマンするタイプ
- 男の子は見た目より性格が大事！
- オレンジよりも、リンゴのほうが好き
- ぬいぐるみを買うなら、ウサギよりクマ
- 今までに、2回以上虹を見たことがある
- 仲のいい先生が学校に2人以上いる
- 人の前で歌うのは、別にはずかしくない

あなたの恋愛運をグッとアップさせる行動を、
心理テストで診断してみよう♡　明日からモテモテまちがいなし!?

Part 6　おもし3★心理テスト

- ねているときに、よく夢を見るタイプ
- 旅行をするなら国内より海外にいきたい
- どちらかというと、三日ぼうずかも
- どんな虫も平気でさわれちゃう★

診断A　いつも笑顔で！
あなたの恋愛運をあげるヒケツは笑顔にあり！　いつもニコニコ、ステキな笑顔を忘れないことが大切だよ。

診断B　アクティブに行動！
積極的に動けば動くほど、恋愛運がアップするよ。気になるものにチャレンジしていく勇気を持って！

診断C　女の子らしく！
おしとやかさや、かわいさを、今よりももっとイシキしてみよう。恋愛運がグッとアップするはず♡

恋愛編 2

あなたを好きな男の子

それぞれの質問に YES か NO で答えてね！　YES → 　NO →

START

- 女の子より男の子の友だちのほうが多い
- 迷ったときは、よく考えて選ぶタイプ
- 落ちこむといつまでも引きずるタイプ
- だれかに写真をとられるのが大好き
- さらさらのロングヘアにあこがれている
- トリになって空を飛んでみたいと思う
- おしゃれには自分なりにこだわっている
- お願いされるとイヤと言えないタイプ

Part 6 おもしろ★心理テスト

あなたのことが気になっている男の子……意外と身近にいるかも？
心理テストで診断してみちゃお♡

- 部屋の本だなには10冊以上本がある
- 夜空を見上げるのが好き。星が好き
- 絵をかくのが得意、または好きだ
- 神様は、本当に存在すると信じている

診断A スポーツが得意な子

運動がとても上手で、行動的な男の子が、あなたに熱視線を送っているかも！積極的にアピールされる日も近い!?

診断B おしゃべりが上手な子

話がおもしろくて、いつもにぎやかにおしゃべりしている子に注目してみて。あなたが気になっているみたい。

診断C 勉強が得意な子

テストの点数がいつもよくて、頭がいい男の子はまわりにいない？ あなたと話したいと、ずっと思っている様子♡

恋愛編 3

あなたの失恋パターン

それぞれの質問にYESかNOで答えてね！　YES → 　NO →

START

- 日本語より英語のほうがかっこいいと思う
- 年下の子をかっこいいと思ったことがある
- ハッキリとした将来の目標を持っている
- 2人以上の人を同時に好きになれる
- キラいな食べものが5つ以上ある
- 大好きなアイドルが3人以上いる
- ひと目ぼれしちゃった経験がある
- 料理やおかし作り、手芸がシュミだ

Part 6 おもしろ★心理テスト

恋がうまくいかないのには、じつは理由があった!?
あなたのしくじり、ズバリ診断しちゃいます!

- バレンタインはあげるより、もらうタイプ
- サプライズを考えるのが大好き!
- 朝早く起きるのがニガテ。起きられない
- 時間にはちょっとルーズ。チコクが多い

診断A 男らしすぎる!

あなたはとてもクールでサバサバした女の子。彼に「ひょっとして、ボクより男らしいかも……」と思われていそう。

診断B 愛情が重すぎる!

感情表現が豊かで情熱的なあなた。彼を愛しすぎるあまり、世話を焼きすぎてしまい、重たいって思われるみたい。

診断C テキトーすぎる!

デートの計画も、待ち合わせ場所も、全部彼におまかせ。「ボクのこと好きじゃないの?」って彼を不安にさせちゃう。

恋愛編 4

失恋立ち直り度

それぞれの質問に YES か NO で答えてね！　YES → 　NO →

START

- レストランの メニューは いつも迷う
- 待ち合わせの 時間をまちがえた ことがある
- どちらかというと、 本を読むのは早い
- 1年以上、 ほとんど毎日 日記をかいている
- 何かを 覚えるのが得意、 または好きだ
- 友だちの 誕生日はきちんと メモしておく
- 忘れものを したことが 3回以上ある
- メールを送る よりも、手紙を かくほうが好き

Part 6 おもしろ★心理テスト

恋に破れたあと、あなたがどうなるかを診断してみよう！
意外とさっぱり、すぐに立ち直っちゃったりして!?

- 小さなときから大事にしている宝ものがある
- どちらかというと、ものをよくなくすタイプ
- 整理整とんやそうじが得意で、キレイ好きだ
- 道に迷うことが多い。よく迷子になっちゃう

診断A　ズルズル引きずる
次に好きな人ができても「もしもあのとき、あれをしていれば……！」といつまでも前の恋を引きずっちゃうタイプ。

診断B　ほどほどになやむ
あなたの立ち直り度は平均的。新しく好きな人ができたら「今の恋を大事にしよう」と前向きに考えられる人！

診断C　スパッと忘れる
「前は前、今は今」とパッと気持ちを切りかえられる人。つねに前向きなので、次の恋がすぐに見つかるタイプ。

恋愛編 5

彼にされたら許せないこと

それぞれの質問にYESかNOで答えてね！　YES →　NO →

START

- 人の名前がなかなか覚えられない
- 洋服を選ぶときは時間をかける
- 笑顔にはちょっぴり自信がある
- 友だちとおそろいにするのが好き
- ハンカチをいつも持ち歩いている
- ファッション雑誌はチェックするタイプ
- シャンプーは何よりも香りが大事！
- だれにも打ち明けていないヒミツがある

恋愛編 6 **あこがれのデート♡**

それぞれの質問に YES か NO で答えてね！　YES → 　NO →

START

- アクション映画よりも、恋愛映画が好き
- マイペースなタイプだと自分では思う
- めんどうなことは、後回しにしちゃう
- ネイルアートにチャレンジしてみたい
- 笑いすぎて顔がいたくなったことがある
- テストの答案用紙は全部うめたいタイプ
- クラスの委員に選ばれることが多い
- こわい話やオバケがニガテなタイプ

恋愛編 7

あなたのエッチ度

それぞれの質問に YES か NO で答えてね！　YES ➡　NO ➡

START

- 目の前でないしょ話されると気になる
- すっぱい食べものがちょっとニガテ
- ウソをついてもすぐにバレちゃう
- 人には言えないヒミツのクセがある
- ガムよりもキャンディのほうが好き
- 「しっかりしているね」とよく言われる
- 雨の日はなぜかテンションがあがる
- 国語と算数なら国語のほうが得意だ

ふだんはかくしているエッチ度を診断するよ♡
心理テストで、あなたの心をまるはだかにしちゃう！

Part 6 おもしろ★心理テスト

- 時間を忘れて何かに夢中になったことがある
- 引き出しの中はけっこうぐちゃぐちゃ
- 何か得意な楽器がある、または習っている
- 字がキレイだとホメられたことがある

診断A むっつりスケベ

顔には絶対に出さないけど、じつは心の中ではいろいろ考えているタイプ。こっそり知識を仕入れているはず。

診断B あまり興味なし

エッチなことにあまり興味がないみたい。友だちに「聞いて！」って打ち明けられても、何も思わないタイプ。

診断C オープンなスケベ

下品なジョークや下ネタが大好き♡ ついついおもしろおかしく話しちゃう。男の子の前では気をつけてね！

恋愛編 8 恋のかけ引き度

それぞれの質問にYESかNOで答えてね！　YES → 　NO →

START

- 人のウソを見ぬくことには自信がある
- 人からプレゼントをよくもらう
- ポーカーフェイスだとよく言われる
- 写真映りがあまりよくないタイプ
- じゃんけんでは絶対に負けない！
- おしゃれやメイクをするのが好き
- 自分はラッキーなタイプだと思う
- キーホルダーやストラップが好き

オトメの恋にかけ引きはつきもの!?
あなたは恋のテクニック上級者だと思う？ それとも初心者かな？

Part 6 おもしろ★心理テスト

- だれとでもリラックスして話せる
- マンガや小説をかいてみたことがある
- 一度はアイドルや芸能人になってみたい
- ヒマつぶしはネットを見るが多い

診断A なかなかの中級者
恋のテクニックは中級者レベル。ちょっとしたしぐさで、クラスの男の子をドキドキさせちゃっているかも！

診断B もはや仙人級
あなたは恋のすべてを知りつくした、まるで仙人のような存在。毎日、友だちからの恋のなやみ相談がたえないはず★

診断C まだまだ初心者
恋の勉強はまだまだこれから。今は初心者クラスだけど、勉強しだいでは一気に仙人になれちゃう可能性も♪

あなたのモテ期

恋愛編 9

人生に3回は訪れると言われているモテ期！
あなたのモテ期を心理テストでバッチリ診断しちゃうよ♡

それぞれの質問に YES か NO で答えてね！　YES → 　NO →

START

- かぐや姫よりも人魚姫のほうが好き
- 運命的な出会いを信じるタイプ
- 好きな人に自分から告白できる
- お守りを2つ以上持っている
- まわりがうるさいと勉強できない
- 変身するならライオンよりもトラ
- 秋と言えばイモよりもカボチャだ
- お団子よりもケーキが好きだ

診断A　半年後かも★
あなたのモテ期は今から半年後にやってきそうだよ♡

診断B　1年後にきそう！
1年後、びっくりするようなモテ期がやってくるはず★

診断C　ズバリ、今！
あなたのモテ期は今！まわりの男の子に注目してみて♪

将来はどんな私になってる？ 職業＆未来診断

心理テストで未来も予想できちゃう!?
あなたが将来どんな大人になっているか、さっそく診断してみよう★

未来診断 1　クッキーの形

謎の魔女に、8種類のクッキーをプレゼントされたあなた。一番先に食べるのは、どの形のクッキー？

- A　星の形
- B　クツの形
- C　イヌの形
- D　三日月の形
- E　魚の形
- F　キノコの形
- G　UFOの形
- H　ぼうしの形

診断は次のページへGO！

このテストでわかるのは……
診断結果 1 あなたに向いている職業

選んだクッキーの形から、あなたの未来の仕事をズバリ診断しちゃうよ！

A ヘアメイクやスタイリスト

あなたは、人をキレイにしてあげる美容関係の職業がぴったり★ おしゃれのセンスを生かした仕事がおすすめ。

B タレントやミュージシャン

はなやかなスポットライトを浴びて、才能を発揮する仕事が◎。テレビの出演依頼がたくさんきちゃうかも！

C 医療関係など人をケアする仕事

医者や看護師など、人をケアしてあげる職業が向いているよ！ あなたのやさしさが、みんなに伝わるはず。

D トリマー、獣医など動物関係

動物園やペットショップのスタッフ、トリマーなど、毎日いろいろな動物にかかわる仕事があなたの適職。

E 人を育てる保育士や先生

保育士や学校の先生など、人にものを教える仕事がおすすめ♪ たくさんの子どもから好かれる先生を目指して！

F マンガ家や小説家、ライター

芸術の才能を生かす、クリエイティブな職業が◎。あなたのかく絵や文章に、多くのファンがつくはず。

G 新聞やテレビの報道関係

最新の事件を追う、マスコミ関係の仕事が適職。とっておきのニュースを伝えることに、やりがいを感じそう。

H 会社の社長や経営者

大きな会社を経営して、人をまとめる才能にめぐまれているよ！ 世界的に有名な会社にするのも、夢じゃない!?

未来診断 2 デートのバッグ

彼氏と、初めてのデートに出かけることになったあなた。コーディネートには、どのカバンを合わせる？

- **A** 一番高価なバッグ
- **B** リュックサック
- **C** ショルダーバッグ
- **D** 大きめのトートバッグ

診断は238ページへGO！

未来診断 3 ショッピングに出かけよう！

家族でショッピングにいくことになったよ。この中から選ぶなら、どんなジャンルのファッションでお出かけする？

 シンプルなボーイッシュ系
 カラフルなポップ系
 キュートなガーリー系
 クールなお姉さん系

診断は次のページへGO！

このテストでわかるのは……

診断結果2 もし、バンドをやるならどのパート？

将来バンドを組むとしたら、どのパートに向いているのかを診断★

A ドラム
リズムの才能が必要な、ドラムを担当することになりそう！ バンドを支える、大事な役割をまかされるはず。

B ボーカル
めだつのが好きなあなたは、ボーカルのパートがぴったり♪ きれいな歌声で、観客をうっとりさせちゃおう！

C キーボード
あなたのデリケートな感性が生かせる、キーボードがおすすめ。ロックもバラードも、自由自在に弾きこなせるはず。

D ギター
テクニック重視で、ソロパートも多いギターやベースが◎。あまりのうまさに、ボーカルより注目されちゃうかも!?

診断結果3 職人になるならどのジャンル？

手に職をつけて働いていくなら、どのジャンルが向いているのか診断！

A 伝統工芸
歴史の重みを感じながら、コツコツと作業できる工芸作家が◎。土や紙、布を使って、アート作品を生みだすはず。

B ガーデニング
カラーセンスがバツグンだから、ガーデンデザイナーが◎。花や草木をバランスよく植えて、庭を完成させそう。

C おかし&料理
パティシエや料理人など、料理やスイーツの分野で才能をハッキ！ あなたの料理を食べに、有名人がやってくるかも!?

D IT関係
難しい専門用語もすぐに理解できるから、IT関係がおすすめ。最新の機器を使って、さまざまなソフトを作るはず！

4 好きなアイスクリームは?

いろいろな種類のアイスクリームが、目の前に4つあるよ。あなたなら、どのアイスクリームを選ぶ?

Part 6 おもしろ★心理テスト

診断は次のページへGO!

このテストでわかるのは……
診断結果4 農業をするなら何を育てる？

もしあなたが農業をするとしたら、何を育てるのに向いているか診断♪

A 高級フルーツ
あなたは根気強いタイプ。ていねいに1つ1つ作業するから、手間のかかる高級フルーツなどがおすすめ。

B めずらしい花
好奇心おうせいで研究熱心なあなたは、めずらしい花の育成や新種の花の開発に向いているよ。

C 緑茶や紅茶
人の喜ぶ顔が好きなあなた。おいしい緑茶や紅茶を育てて、みんなにいやしの時間を届けて★

D 米や野菜
あなたは、意外と短気なところがあるタイプ。成長が目で見てハッキリわかる、米や野菜がぴったり！

未来診断 5

のどがかわいた!

Part 6 おもしろ★心理テスト

学校から家に帰ってきたら、机の上にジュースが4つ置いてあったよ。
1つだけ飲むなら、あなたは何を飲む？

A 炭酸系
B スポーツドリンク系
C ミネラルウォーター
D お茶

診断は次のページへGO！

このテストでわかるのは……
診断結果 5 あなたが先生になったら？

もしあなたが人にものを教えるとしたら、いったい何を教えるか診断！

A 保健の先生

気取らない、さっぱりした性格のあなた。そのさわやかさを生かして、保健の先生になりそう★

B 体育の先生

運動神経がよくて、意外と熱血なところがあるあなた。学校では体育の先生として活やくするはず！

C 音楽の先生

人をひきつけるミリョクがあるタイプ。音楽の先生として豊かな才能をハッキするのがおすすめ♪

D 国語の先生

勉強が得意でマジメなあなた。感性がデリケートだから、国語の先生としてみんなから好かれそう♡

未来診断 6 ツーショット写真

気になる彼と2人きりで写真をとることになったよ♡ あなたならどのカメラで写真をとってもらいたい？

- A レトロなカメラ
- B デジタルカメラ
- C 本格的なカメラ
- D ポラロイドカメラ

おもしろ★心理テスト

診断は次のページへGO！

このテストでわかるのは……

診断結果 6 あなたが芸能界に入ったら?

未来のあなたが、芸能界にスカウトされちゃった!? どんな芸能人になるのか診断しよう★

A アイドル

ファンからのあつい視線をひとりじめ★ 未来のあなたは、歌っておどれる人気アイドルになっていそう♡

B 女優

どんなに難しい役も見事にこなす、演技派女優が未来のあなた。アカデミー賞ノミネートも夢じゃない!?

C ミュージシャン

日本だけではなく、世界的に活やくするミュージシャンになりそう！作詞作曲の才能もあり★

D モデル

ファッションショーはもちろん、雑誌やテレビにも引っぱりだこの人気モデルが未来のあなたの姿だよ♪

未来診断 7 人形を動かすのは？

あやつり人形が器用にダンスをしているよ。この人形をあやつっているのは、いったいどんな人だと思う？

- A やさしそうな人
- B こわそうな人
- C あなたにそっくりな人

未来診断 8 絵が表すものは？

この絵に並んでいる3つの星。左の星は「豊かさ」、右の星は「やさしさ」を表しているよ。じゃあ、真ん中の星は何を表していると思う？

- A 厳しさ
- B おだやかさ
- C さわやかさ

診断は次のページへGO！

このテストでわかるのは……
診断結果 7 　あなたの仕事充実度

将来、あなたが自分の仕事に「どれだけ満足できるか」がわかっちゃうよ★

A そこそこ満足
仕事をつうじて自分の成長を実感して、やりがいを感じていそう。結婚したら、パートに切りかえて仕事を続けるかも！

B ちょっと不満
仕事よりも自分のシュミのために、一生けん命働いているかも。かせいだお金は、好きなものに全部つぎこんでいそう。

C 大満足！
生きがいと呼べる仕事に出会って、バリバリ働いているはず！ 結婚した後も、専業しゅふにはならず、働き続けるよ。

診断結果 8 　将来どんなおばあちゃんになる？

あなたが年をとったら、どんなおばあちゃんになっているかを診断！

A 元気なおばあちゃん
1人で海外旅行にいくぐらい、元気なおばあちゃんになりそう！ まごたちにたくさんお土産を買ってきてあげて！

B 大家族のおばあちゃん
多くの家族にかこまれて、愛されるおばあちゃんになるはず♡　たくさんのまごができて、お年玉をあげるのが大変!?

C モテモテのおばあちゃん
年をとっても、ずっとモテモテ。彼氏がいっぱいできちゃうかも。毎日別の人とデート……なんて、いそがしく過ごしそう。

トランプのクイーン

♥のクイーン、♦のクイーン、♠のクイーン。3人のクイーンの中で、年をとると太りそうだと思うのはだれ？

A ♥のクイーン　　**B** ♦のクイーン　　**C** ♠のクイーン

カゼ引いちゃた！

ひどいカゼを引いてしまったあなた。よくきく薬を病院でもらったけど、変な味。いったいどんな味がしたと思う？

A すごくにがい！　　**B** とってもあまい！　　**C** すっぱい！

診断は次のページへGO！

このテストでわかるのは……

診断結果 9 未来のあなたの体型

おばあちゃんになったとき、あなたがどんな体型になっているか診断！

A 若いときのまま！

年をとっても若いときの、一番いいスタイルをずっと維持しそう♪ 若い子に負けない、おしゃれなファッションを楽しむはず。

B 出産をきっかけに…

子どもを産んだあと、ぜい肉がじょじょについちゃうタイプ……。こまめに運動をすれば、きちんと元どおりにやせられるみたい★

C じょじょにスリムに

年をとるにつれ、なぜかどんどんやせていってしまうみたい。好きなものを好きなだけ食べても、モデルのような体型をキープできそう！

診断結果 10 あなたの子ども

あなたが将来、どんな子どもを育てるかをチェックしよう！

A マジメな優等生

両親がびっくりしちゃうほど、マジメで勉強ができる子どもを育てそう！ 有名な学校を卒業して、政治家や社長になっちゃうかも!?

B スポーツが得意な子

あなたが将来育てるのは、身体を動かすことが大好きで、運動神経バツグンの子ども。オリンピックへの出場も、夢じゃないかも!?

C おだやかでやさしい子

自分から家事やそうじを手伝ってくれるような、家庭的でおだやかな子どもを育てそう。あなたより料理が上手になっちゃうかも!?

何でも○○度診断★

みんなの○○度調べちゃお！

簡単な心理テストで、みんなの○○度をてってい的に調査しよう♪
盛り上がることまちがいなしっ！

Part 6 おもしろ★心理テスト

何でも診断 1　2人ともチコク!?

（ミサ）おさいふを落としちゃって、まだ見つからないの

（マユ）出かけるとき、お母さんとケンカしちゃって……

Q1
待ち合わせにおくれてきた友だち。もし2人のうち、ウソをついている人がいるとしたらどっちだと思う？

- あ　ミサがウソをついている
- い　マユがウソをついている

Q2
あなたが「今日はもう、帰ったほうがいいんじゃない？」と思うのは、2人のうちどっちかな？

- ア　おさいふをなくしたミサ
- イ　お母さんとケンカ中のマユ

診断は次のページへGO！

このテストでわかるのは……
診断結果 1 やさしさ度

このテストでは、みんなのやさしさ度を診断！ 意外な結果が出ちゃうかも!?

診断表の見方

左の表からQ1とQ2の答えを組み合わせて、診断結果をチェックしてね。

Q2 \ Q1	あ	い
ア	B	A
イ	A	B

A やさしさ度 80%

困っている人を見つけたら、放っておけないタイプ。自分がソンをすることになっても「だいじょうぶ？」と思わず声をかけちゃう。見て見ないフリはできない、やさしい人。

B やさしさ度 40%

本当はやさしいのに、照れてしまって声をかけられないあなた。「逆にめいわくじゃないかな？」と気にしてしまうタイプ。やさしい気持ちは素直に表現するのがおすすめだよ★

何でも診断 2 不思議な生きもの！

Q1
突然目の前に、見たことがない動物が現れた！この生きものは、いったいどこからやってきたと思う？

- あ 宇宙の果てから
- い 絵本の中から
- う 深い海の底から

Q2
この生きものは、どうやらとても不思議な力を持っているみたい。それってどんな力だと思う？

- ア 人間をとうめいにする
- イ 雨や雪をキャンディにかえる
- ウ 過去にタイムスリップする

診断は次のページへGO！

このテストでわかるのは……

診断結果 2 おもしろ度

あなたのおもしろさは芸人級？ それともふつう？ おもしろ度を診断しよう！

診断表の見方

左の表から**Q1**と**Q2**の答えを組み合わせて、診断結果をチェックしてね。

Q2 \ Q1	あ	い	う
ア	C	C	C
イ	B	A	B
ウ	A	A	B

A おもしろ度 100%

あなたは人を笑顔にする天才！ 自分が落ちこんでいても、目の前に人がいたら笑わせずにはいられないタイプ。

B おもしろ度 70%

その場を明るい空気にする才能があるよ。人を元気づけるためなら、どんな努力もおしまないがんばり屋さん！

C おもしろ度 40%

本当はおもしろいことを考えているのに、表現するのをためらっちゃうタイプ。思い切ってアピールしてみて★

何でも診断 3 — 海の中の住人

Part 6 おもしろ★心理テスト

Q1
南の海のイラストをかくことになったよ。あなたなら、一番大きな右下の魚は何色でぬる？

 黄
 青
 赤

Q2
この魚に恋人をかいてあげるとしたら、絵のどの場所にかいてあげる？ 3つの中から選んでね。

ア イラストの真ん中あたり
イ イラストの右あたり
ウ イラストの左あたり

診断は次のページへGO！

このテストでわかるのは……

診断結果 3　ガンコ度

人の意見を聞かないガンコ者はだれ？　このテストでバッチリ診断しちゃうよ★

診断表の見方

左の表からQ1とQ2の答えを組み合わせて、診断結果をチェックしてね。

Q2＼Q1	あ	い	う
ア	C	C	C
イ	B	A	B
ウ	A	A	B

A　ガンコ度 60%

一見ガンコそうに見えるけど、しっかり話し合えば納得するあなた。まわりの話を聞く耳は持っているタイプ。

B　ガンコ度 20%

自分の意見や考えに、こだわりがない人。まわりに合わせることが得意だけど、その分、流されちゃうことも。

C　ガンコ度 80%

かなりのガンコ者！　自分がまちがっていると気づいていても「これでいいの！」とつき進んじゃうタイプ。

クラッカーを鳴らそう！

Part 6 おもしろ★心理テスト

Q1
友だちのバースデーパーティーに参加したあなた。クラッカーを鳴らすとしたら、どれを選ぶ？

- あ 右
- い 真ん中
- う 左

Q2
クラッカーを鳴らそうとしたのに、なぜか鳴らなかったよ。原因はいったい何だと思う？

- ア だれかのイタズラ
- イ 不良品だった
- ウ じつはクラッカーじゃなかった

診断は次のページへGO！

このテストでわかるのは……

診断結果 4 泣き虫度

今まで、人前で泣いちゃったことはある？ このテストでは、泣き虫度を診断するよ★

診断表の見方

左の表からQ1とQ2の答えを組み合わせて、診断結果をチェックしてね。

Q2＼Q1	あ	い	う
ア	C	C	C
イ	B	B	B
ウ	A	A	B

A 泣き虫度 100%

うれしくても、悲しくても大声で泣いちゃうタイプ。人が泣いているとつられてもらい泣きしてしまうことも！

B 泣き虫度 50%

くやしいときに、1人でかくれてこっそり泣くタイプ。人前でははずかしいから、グッとガマンしちゃう。

C 泣き虫度 10%

めったなことでは泣かない人。何があってもジッとたえて、感情を爆発させない冷静なタイプだよ。

ビルからのながめ

Part 6 おもしろ★心理テスト

Q1
あなたは今、100階建てのビルの屋上にいるよ。そこからながめる景色は、いったいどんな感じ？

- あ キレイ！
- い こわい！
- う 我が家が見える！

Q2
景色を写真にとろうと思ったら、目の前を何かが横切ったよ。それは次の3つのうち、何だった？

- ア トリ
- イ 飛行機
- ウ 虫

診断は次のページへGO！

このテストでわかるのは……

診断結果 5 イライラ度

あなたは気が長いタイプ？ それとも短気？ イライラしやすいかどうかを診断するよ！

診断表の見方

左の表からQ1とQ2の答えを組み合わせて、診断結果をチェックしてね。

Q2＼Q1	あ	い	う
ア	C	C	C
イ	B	A	B
ウ	A	A	B

A　イライラ度 60%

イヤなことがあると顔に出ちゃうタイプ。本人は上手にかくしているつもりでも、まわりはすぐわかっちゃう。

B　イライラ度 20%

いつもマイペースでサッと気持ちが切りかえられるあなた。イラッとしても冷静さをうしなうことはなさそう。

C　イライラ度 80%

思いどおりにいかないと、ついイライラしてしまうあなた。深呼吸をして、気持ちを落ち着ける方法を学ぼう。

何でも診断 6 ケーキを切ろう！

おもしろ★心理テスト Part 6

Q1
とっても大きなケーキを買ったあなた。ケーキを6等分に切る場合、どこからナイフを入れる？

- あ a
- い b
- う c

Q2
ケーキを6人に分けたあとで、1人分足りないことに気づいてしまったよ。あなたならどうする？

- ア 自分の分をガマン
- イ 追加で買いにいく
- ウ みんなから少しずつ分ける

診断は次のページへGO！

このテストでわかるのは……

診断結果 ⑥ イジワル度

みんなのイジワル度をズバリ診断しちゃうよ！ 意外な人がイジワルだったりして!?

診断表の見方

左の表からQ1とQ2の答えを組み合わせて、診断結果をチェックしてね。

Q2＼Q1	あ	い	う
ア	C	C	C
イ	B	A	B
ウ	A	A	B

A イジワル度 40%

あなたのイジワル度はふつう。ニガテな人に対して、たまにちょっぴりイジワルしちゃうことも。

B イジワル度 10%

いろいろな人にやさしく接するあなた。本当はイジワルしたくても、ついついやさしくしてしまうタイプ★

C イジワル度 80%

ライバルにはかなりイジワルなタイプ。気になる彼が他の子と仲良くしていると、ついイジワルしちゃう。

名前をかいて!

Q1
新品のノートに自分の名前をかくことになったよ。この3つの中から、どんな風に名前をかくか選んでね。

- あ ローマ字
- い 漢字
- う ひらがな

Q2
名前をかき終わってから、まちがいに気づいたあなた。そのまちがいを、いったいどうやってごまかす?

- ア 上からシールをはる
- イ 修正ペンで消す
- ウ 別に気にしない

診断は次のページへGO!

このテストでわかるのは……

診断結果7 天然ボケ度

みんなとセンスがちょっとちがう？ あなたの天然ボケ度を診断しちゃうよ！

診断表の見方

左の表からQ1とQ2の答えを組み合わせて、診断結果をチェックしてね。

Q2＼Q1	あ	い	う
ア	C	C	C
イ	B	A	B
ウ	A	A	B

A 天然ボケ度 80%

何かにつけ、みんなとズレているあなた。あまりに天然すぎて、つっこんでいいのかまわりも困っていそう。

B 天然ボケ度 40%

ほどほどにボケるのが上手なタイプ。でもソツなくボケすぎると「計算？」とうたがわれるので注意して！

C 天然ボケ度 20%

ボケるよりは、どちらかというとツッコミ役。でもたまに、びっくりするようなボケをやらかすことも！

何でも診断 8 おやすみなさい★

Q1
旅行先の旅館にふとんがしいてあるよ。窓側、真ん中、カベ側。自由に選べるなら、どこでねる？

 窓側

 真ん中

 カベ側

Q2
友だちが「私もそこでねたい！」と言い始めたので、じゃんけんで決めることに。何を出す？

 グー

 チョキ

 パー

診断は次のページへGO！

このテストでわかるのは……

診断結果 8 知ったかぶり度

知らないことなのに、知っているふりをする人はだれ？ 知ったかぶり度を診断するよ！

診断表の見方

左の表からQ1とQ2の答えを組み合わせて、診断結果をチェックしてね。

Q2＼Q1	あ	い	う
ア	C	C	C
イ	B	A	B
ウ	A	A	B

A 知ったかぶり度 10%

知らないことは「わからない」と言える素直な人。でも質問ばかりだと「うるさいな」って思われちゃうかも！

教えて！ 教えて！ 何ソレ!?

聞いたコトある！ …かな？

B 知ったかぶり度 50%

マジメな顔で聞かれると「知らない」と言えなくなっちゃう。あとでこっそりと、調べることも多いはず。

C 知ったかぶり度 80%

「知らないことがあると、はずかしい」と思いこんでいるタイプ。正直に「教えて」と聞くことも大事だよ。

聞いてよ!! 何でも 内心ドキドキ

マンガでまる見え★みんなの本音

4コママンガの、4コマ目に入るマンガを選んでいくテストだよ。そこからみんなの本音を診断しちゃう♪

Part 6 おもしろ★心理テスト

4コマ心理テスト 1

おさななじみ

この4コマは「おさななじみ」というタイトルのマンガ。4コマ目に入るマンガは、3つのうちどれ？

A おばあちゃんになっても仲良し

B いっしょに結婚式をあげちゃう

C 1人の男の子をうばい合う！

診断は次のページへGO！

このテストでわかるのは……
診断結果 1

あなたは何ナルシスト？

あなたのナルシストタイプを診断しちゃうよ！
意外なこだわりを持っているかも？

A 自分のセンスにほれぼれ！

自分のファッションセンスやメイクのテクニックに自信を持っているタイプ。鏡を見て「今日も最高♡」とうっとりしているのでは？

B 自分の才能にぞっこん！

頭のよさや絵のうまさなど自分の才能にほれこんでいるあなた。「これだけはだれにも負けない！」というものを持っているタイプ。

C 自分の顔が大好き！

とにかく自分の顔が大好きなあなた。写真をとるときはポーズだけじゃなく、ライトの具合や角度までとことんこだわっちゃう人。

宇宙人がやってきた!?

4コマ心理テスト 2

宇宙人が初めて地球にやってきたシーンをマンガにしたよ。
4コマ目に入るマンガは、3つのうちどれ？

Ⓐ 人間をじっくり観察している

Ⓑ UFOを草むらにかくしている

Ⓒ 京都に観光にいく相談をしている

診断は次のページへGO！

診断結果 2
このテストでわかるのは……

悪口を言いたくなるとき

ついつい悪口を言いたくなるときって、
いったいどんなときなのか診断しちゃうよ★

A イジワルされたとき

だれかにイジワルされたら、ついついその子の悪口を考えちゃう。でも口に出さずに、心の中でこっそり思っているタイプ。

B うまくいかないとき

うまくいかないことが続くと、ストレスがたまって悪口の原因に。だれかに八つ当たりをして、ストレス解消しちゃうタイプ。

C 相談に乗っているとき

友だちから相談されたとき、とくに悪口を言いたくないのに、その子にうながされていっしょに悪口を言ってしまうタイプ。

ゆずれないもの

何があってもこれだけはゆずれない！
みんなのゆずれないものを診断♪

 A 清潔さ

とってもキレイ好きなあなた。そうじや整理整とんにはかなりうるさいタイプ。よごれていると、気持ちが落ち着かないはず。

 B 食後のおやつ

食事のあとのおやつがゆずれない人。どんなにお腹がいっぱいになっても、絶対にデザートを食べないと満足できないタイプ。

 C おしゃれ

ダサいファッションがたえられないタイプ。いっしょに歩く彼や友だちも、ダサいとイライラしちゃって気になっちゃう！

4コマ心理テスト ④ 何でもかなう夢

主人公の女の子は、夢の中で魔法使いになっているみたい。
4コマ目に入るマンガは、3つのうちどれ？

Ⓐ 理想の彼氏をゲット♥
Ⓑ 理想の顔にチェンジ★
Ⓒ 理想のペットをゲット♪

診断は次のページへGO！

あなたの変なクセ

あなたがこれからハマってしまう、
だれにも言えない変なクセを大予言しちゃうよ★

A においをクンクン

何でもかんでも、もののにおいをかいでしまいそう！ どうしても気になるもの、好きなものはとくに念入りにクンクンしちゃう。

新しい本のにおい…。

B ひとりごと

心の中で考えていることが、全部口に出ちゃうかも！ いつでもどこでも、ブツブツとひとりごとをとなえることになりそう。

C びんぼうゆすり

ヒマつぶしにびんぼうゆすりをしていたら、いつの間にかクセになっちゃいそう。最終的には立ったままでもできちゃうように！

4コマ心理テスト 5

青いミカン

フルーツのミカンが秋になってしゅうかくされるストーリーだよ。4コマ目に入るマンガは、4つのうちどれ？

Part 6 おもしろ★心理テスト

A ミカンジュースになった

B 木に取り残されちゃった

C 地面に落ちちゃった

D おじさんに食べられた

診断は次のページへGO！

このテストでわかるのは……　診断結果 5　**あなたのSM度**

 S度50%／M度50%

あなたは相手によってSM度をかえるカメレオンタイプ。好きな彼がMならSに、SM度の調節は自由自在！ ただコロコロかえすぎて、自分でも何が何だかわからなくなってしまうことも……。

 S度90%／M度10%

かなりS度が強めのタイプ。男女関係なく、好きな人は困らせたくなっちゃう。単純にちょっかいを出すのではなく、きちんと愛を持ってイジワルするから、みんなあなたから、はなれられないみたい♡

あなたはSタイプ？　それともMタイプ？
みんなのSM度をこっそり診断しちゃおう♡

Part 6 おもしろ★心理テスト

 S度70% M度30%

あなたはややS度が強め。気になる彼をからかったり、少しくらいならイジワルしちゃうけど、泣きだされると急に自信をなくすタイプ。そんなときにイジワルされると、一気にMになっちゃうかも？

 S度10% M度90%

あなたはS度よりも、かなりM度が強めなタイプ。好きな人にちょっかいを出されると愛を感じちゃう♡でも、好きじゃない人からのイジワルに対しては、ハッキリと「止めてよね！」と注意できる人。

監修　マーク・矢崎治信（やざきはるのぶ）

1959年4月22日生まれ　おうし座　O型。
子供の頃から神秘的なものに興味を持ち、独学でさまざまな神秘学を学ぶ。20歳で月刊少女誌『マイバースデイ』（実業之日本社刊）に連載を開始し、人気占い師の仲間入り。西洋占星術から心霊現象の解明まで守備範囲は広く、特におまじない研究に関しては"おまじないブームの仕掛け人"として、時の人に。その後もテレビ、雑誌、新聞を中心に活躍し、また異業種企業とタイアップしての商品（お菓子、玩具、ゲームその他）開発にも携わる。現在も毎日新聞朝刊の占い担当のほか、WEB上や携帯電話の占いなどで大活躍中。
HP　http://www.setsuwa.co.jp/markYazaki.php

カバーイラスト、漫画◆かわぐちけい
本文イラスト◆もっこ、水玉子、ぴよな、さかもとまき、イシイディスコ、やよい、もにこ、+kagami+、felt、にゃめ、七海喜つゆり、AYAPERI、関野うなぎ、関崎マサト
本文デザイン◆菅野涼子、根本直子（株式会社説話社）
カバーデザイン◆橋本千鶴
編集協力◆平田摩耶子（株式会社説話社）
編集担当◆遠藤やよい（ナツメ出版企画株式会社）

本書に関するお問い合わせは、書名・発行日・該当ページを明記の上、下記のいずれかの方法にてお送りください。電話でのお問い合わせはお受けしておりません。
・ナツメ社webサイトの問い合わせフォーム
　https://www.natsume.co.jp/contact
・FAX（03-3291-1305）
・郵送（下記、ナツメ出版企画株式会社宛て）
なお、回答までに日にちをいただく場合があります。正誤のお問い合わせ以外の書籍内容に関する解説・個別の相談は行っておりません。あらかじめご了承ください。

恋☆友　まるわかりっ！
心理テストスペシャル

2016年8月5日　初版発行
2021年8月1日　第9刷発行

ナツメ社Webサイト
https://www.natsume.co.jp
書籍の最新情報（正誤情報を含む）はナツメ社Webサイトをご覧ください。

監修者	マーク・矢崎治信（やざきはるのぶ）　Mark Yazaki Harunobu,2016
発行者	田村正隆
発行所	株式会社ナツメ社 東京都千代田区神田神保町1-52　ナツメ社ビル1F　（〒101-0051） 電話　03-3291-1257（代表）　FAX　03-3291-5761 振替　00130-1-58661
制作	ナツメ出版企画株式会社 東京都千代田区神田神保町1-52　ナツメ社ビル3F　（〒101-0051） 電話　03-3295-3921（代表）
印刷所	株式会社リーブルテック

ISBN978-4-8163-6078-7　　　　　　　　　　　　　　　　Printed in Japan
＜定価はカバーに表示してあります＞＜落丁・乱丁本はお取り替えいたします＞
本書の一部または全部を著作権法で定められている範囲を超え、
ナツメ出版企画株式会社に無断で複写、複製、転載、データファイル化することを禁じます。

スペシャルセット レター&カード
プチ心理テストつき♡

心理テストがついた便せんとカードだよ!
友だちにわたして、心理テストにチャレンジしてもらっちゃお♪

レター&カードの使い方
キリトリ線にそって、便せんとカードを切って使ってね。
コピーをして、たくさんの友だちに手紙をかくのも◎!

レター&カードのタイプしょうかいはウラを見てね!

今日のラッキーパーソン診断
質問を読んで、YESとNOを選びながらテストを進めてね!

YES→　NO⋯→

スタート: 今日のソックスは白
- 髪の毛をのばしている
- 雨がニガテ
- 明日、出かける予定がある
- 今日は忘れものをしていない
- スカートが好き
- 朝ごはんはパンだった
- ピンクが好き
- 昨夜見た夢を覚えている
- ポケットに何か入っている
- おなかが減った

- **A型の人がラッキーパーソン!**
- **困ったらB型の人に相談して。**
- **今日たよりたいのは、O型の人。**
- **AB型の人が助けてくれるはず。**

チャートテストタイプ
YESとNOを選びながら進むと、診断結果にたどり着く心理テストだよ♡

あみだくじタイプ
あみだくじで、今日のラッキーアイテムやラッキースポットを診断するよ★

レタータイプ
便せんの左上に心理テストがついていて、診断結果は右下にあるよ。あいているスペースには、友だちへのメッセージをかいてね！

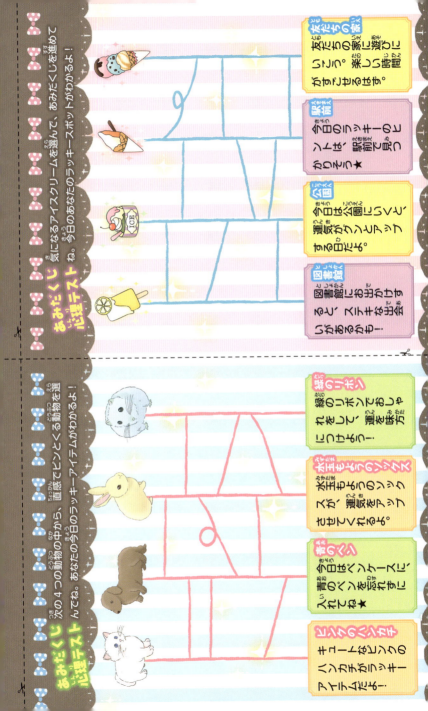

心理テスト

休みの日に、1人でショッピングに出かけたあなた。おさいふの中には、いったい何円くらい入っている？

心理テストの診断結果

おさいふの中に入っている金額は、あなたが1回のデートで男の子に使わせる金額だよ♡

心理テスト

仲良しの女の子からバースデープレゼントが届いたよ。中にはいったい何が入っていたと思う？

心理テストの診断結果

あなたが答えたプレゼントの中身は、あなたが今一番ほしいと思っているものだよ♡